一歩前へ！学校図書館

——知ろう、つかもう、やってみよう

熊谷一之・著

全国学校図書館協議会

はじめに

「司書教諭に任命はされたけど……」
「学校司書にはなったけど……」

具体的にどうすれば学校教育を支えられるだろうか。何から手をつけていいかわからない。
司書教諭と学校司書、どう仕事分担をすればいいのだろうか。
実践内容がわかれば取り組みやすいのだが。

このような「？」を解決したいと思うなら本書をご活用ください。学校図書館教育や活動を、「知る」ことができます。「つかむ」ことができます。そして、「やってみよう」と思えます。

筆者は、途中３年間の公共図書館司書の経験がありますが、小学校の学級担任を長年務め、2003年４月の司書教諭制度スタートの時点から退職までの12年間は、学級担任兼司書教諭でした。本書は、その12年間に筆者が実践してきた学校図書館教育の実践や活動を紹介しています。

全国的にまだまだ多い、学校司書もおらず、蔵書管理のコンピュータ化もまだで、資料も決して豊富とはいえなかった状況でしたので、先進的な学校図書館の実践とはほど遠い内容です。しかし、何とか時間を作り出して実践してきたものがほとんどです。ぜひ目を通していただき、実践可能なものに取り組んで現状から一歩前へ歩み出してみてください。冒頭の疑問が解決に近づき、学校図書館のさらなる可能性に気付かれることと思います。そして、次は何をやってみようかと思われることでしょう。少なくともヒントにはなるはずです。

実践が進み、優れた実践や、学校全体での計画的な研究の様子や成果、さらにはもっと原理・原則について知りたくなったら、本書はもう〝卒業〟です。さらに詳しく深く学べる専門的・先進的な内容の本に進んでください。

〝卒業〟する方が多くなり、日本の学校図書館をめぐる教育や活動が、一歩一歩前進・充実していき、一人でも多くの子どもたちが本や図書館を好きになり、多くの先生方が本や図書館をもっと利用してみようという意欲をもっていただければと願っています。

本書の構成

(§＝セクション)

　「知ろう」編の「§1　学校図書館教育の効果」で、学校図書館の大きな可能性について、「§2　『図書館学の五法則』」で図書館が図書館として成立するための5つの原理を、「§3　望まれる学校図書館の役割」で単に読書をするためだけではない今の学校教育に求められている学校図書館の役割を、「§4　司書教諭と学校司書の役割」でどう学校教育を支え、そのためにどう役割分担をすればいいかをそれぞれ解説しています。ここまでは、司書教諭や学校司書としての基本的な知識といえます。

　その先は、学校図書館教育実践例や活動例を11のジャンルに分けて紹介・解説しました。次ページの「もくじ」を利用して必要に応じてお読みください。すべてお読みいただければ学校図書館教育や活動について、おおよそのことがご理解いただけます。

　§同士が関連し合っている場合があります。その場合は各§の末尾に明示して、すぐに参照できるようにしました。

　なお、本書では呼称や雇用形態に関わらず教員やボランティアではない「専ら学校図書館の職務に従事する職員」（学校図書館法第六条）を「学校司書」と称しています。また、§によって「法則」という言葉が使われています。これはインドの図書館学者ランガナタンが、研究の結果明らかにした図書館を図書館たらしめる5つの法則のことです。詳しくは§2を参照してください。

資料をすぐにご活用いただくために

　各学校の実情に応じて記入して使えるように、いくつか本文中の資料データを修正したものを用意しました。全国学校図書館協議会のウェブサイト（http://www.j-sla.or.jp/）からアクセスできますので、所属されている学校内であればご自由にお使いください。

　なお、ダウンロードしたデータについては、拡大・縮小以外の加工やコピーして他人に配布すること、ネットワーク上にダウンロード可能な状態で置いておくことはできません。

本書は、『学校図書館』（全国学校図書館協議会）№775（2015.5）～№785（2016.3）に連載された「キラリ！司書教諭：一歩前へ！　学校図書館①～⑪」を、大幅に加筆修正し再構成したものです。資料はすべて作成時に使用したものですが、見やすくかつ利用しやすくするために新たに再編集などをしたため、連載時と異なる場合があることをおことわりします。

一歩前へ！ 学校図書館　もくじ

はじめに・本書の構成 ▶002　　さくいん ▶140　　おわりに ▶142

1　知ろう
学校図書館教育の効果
▶006

2　知ろう
「図書館学の五法則」
▶008

3　知ろう
望まれる学校図書館の役割
▶010

4　知ろう
司書教諭と学校司書の役割
▶012

指導計画をどうするか

5 全体計画をまず立てる ▶016

6 年間指導計画を立てる前に ▶018

7 年間指導計画を立てる ▶020

図書館整備をどうするか

8 検索手段の確立を ▶026

9 教育活動に役立つように ▶036

読書感想文をどうするか

10 指導の方法 ▶038

11 活用の方法 ▶042

読書指導をどうするか

12 読書案内 ▶044

13 ブックトーク ▶054

14 作家紹介 ▶058

15 中だるみのときに ▶062

調べ学習の指導をどうするか

16 調べ学習のプロセス ▶068

17 情報の探し方 ▶072

18 情報のまとめ方 ▶078

資料をつくろう

19 学習成果の収集 ▶082

20 郷土資料をつくろう〜写真ファイル〜 ▶084

21 郷土資料をつくろう〜コンピュータの利用〜 ▶088

公共図書館を知ろう教えよう

22 現状とできること ▶090

23 子どもへ教える ▶098

24 学校がしなければいけないこと ▶104

イベントをしよう

25 本や辞典を使って ▶106

26 図書館検定 ▶108

27 お話バザール ▶112

選書をどうするか

28 選書の方法と重要性 ▶120

情報を発信しよう

29 広報の方法と内容 ▶124

30 研修こそ最大の広報 ▶130

次年度へつなげよう

31 活動を振り返る ▶136

知ろう

1 学校図書館教育の効果

よりよき社会を構成する力、自分で前へ進める力を育てる

　教科書にあるから指導する、毎年取り組んでいるから取り組むということではなく、学校図書館教育の効果をまず知りましょう。その上で主体的に司書教諭や学校司書の立場から子どもたちを育てていきましょう。

　本書では、学校図書館教育を大きく読書指導と調べ学習の指導という2つに分けています。ここではそれぞれの効果を示します。

1 読書の効果

次のような効果があります。
①個人の資質を高める。

　読書するという行為自体が、主体性・集中力・忍耐力といった力を育てる。登場人物と自分を比較することで内省する力を育てることもできる。

②個人の知的能力を高める。

　言葉や文章を理解することを通して、言葉の力を伸ばすとともに、読解力・論理力・思考力・想像力が育つ。最近、科学的な根拠を明らかにして、言語能力を伸ばすことを解明した研究結果が書籍として発表された。

③社会を構成する一人としての資質を高める。

　違ったものの見方や価値観の認識ができたり、倫理的知識を得ることができる。観察力・洞察力・分析力も育てられ、その結果、対人関係を築く能力を育成・発展させられる。

④人としての生きる能力を高める。

　人を人たらしめている機能を司（つかさど）っている脳の前頭前野を鍛えることができる。音読のほうが効果的だが、声を出さない読書でも効果があること、テレビやコンピュータゲームでは脳を休ませることにしかならないことも脳科学の研究で明らかにされている。

筆者は以上のことからこのように意識して、読書指導に取り組んできました。

読書で自己変革できる力がつき、さらにそれがよりよき社会を構成する力となる

2 調べ学習の効果

次のような効果があります。

①課題設定から発表までの過程で、全体を見通して**計画的に取り組む態度**が育てられる。

②特に課題解決に取り組む中で、**あきらめずに粘り強く取り組む態度**が育てられる。

③調べ学習は各過程を戻ったり進んだりする必然性をもつ学習である。そこから**試行錯誤をいとわない、ときには進んで修正する態度**が育てられる。

④話し言葉、書き言葉、図表など、発表にあたっては、**思考力・判断力・表現力**が育てられる。

⑤指導者が支援するとはいえ、課題が解決できるかは、まずはその課題に取り組む本人次第である。ここから**自己責任能力**が育てられる。

こう考えると、調べ学習は各教科・領域でも必要な能力をも育てていくことがわかります。こう意識して筆者は調べ学習を指導してきました。

　　　　　困難があっても自分の力で前へ進む自分をつくる

このような能力が読書や調べ学習で育てられ、身に付けることができるのですから、学力に影響しないわけがありません。「読書をしている子ほど学力が高い」という文部科学省の全国学力調査の結果は、学校図書館担当者にとっては当然の結果だといえるでしょう。これら学校図書館教育の効果の実現のためにこそ、司書教諭や学校司書は存在しているのだと自覚して指導や支援にあたりたいものです。

関連ページ

「§15　中だるみのときに」　　62ページ

参考文献

○『自分の脳を自分で育てる』川島隆太著　くもん出版　2001
○『読書力』齋藤孝著　岩波書店　2002
○『読む力は生きる力』脇明子著　岩波書店　2005
○『「本を読む子」は必ず伸びる！』樋口裕一著　すばる舎　2005
○『読書と言語能力：言葉の「用法」がもたらす学習効果』猪原敬介著　京都大学学術出版会　2016

2 「図書館学の五法則」

図書館が図書館として成立するための5つの法則

この法則は、インドの図書館学者ランガナタン（Shiyali Ramamrita Ranganathan, 1892-1972）が、その著書『図書館学の五法則』（*The Five Laws of Library Science*, 1931）の中で示したものです。

1 五法則とは

『図書館学の五法則』の中でランガナタンは、「すべての人へ教育を」という考えをベースに、どうすれば図書館が図書館として成立し、民主主義社会の構成に役立つのかといったことを述べています。そして、その柱として5つの法則を示しています。約90年前の著作ですが、現在も十分に通用し、多くの示唆を与えてくれます。

第一法則　本は利用するためのものである
第二法則　いずれの人にもすべて、その人の本を
第三法則　いずれの本にもすべて、その読者を
第四法則　読者の時間を節約せよ
第五法則　図書館は成長する有機体である

---

2 五つの法則をもとにすると図書館は……

五法則を利用して図書館を説明するとこのようになります。

自分で情報を探し出して知識化できる人を援助して育てると、民主主義社会を構成していく力となっていく。それに欠かせないのが、図書館資料の継続的な充実であり図書館そのものの機能の進化と変化である（第五法則）。そのためには、利用者の必要性や希望を満たすように多種多様な資料を用意し（第二、三法則）、資料を早く蔵書化した上で探しやすくする必要がある（第四法則）。こうしていけば、資料は利用されて利用者は育っていき、民主主義社会を構成する力となる（第一法則）。

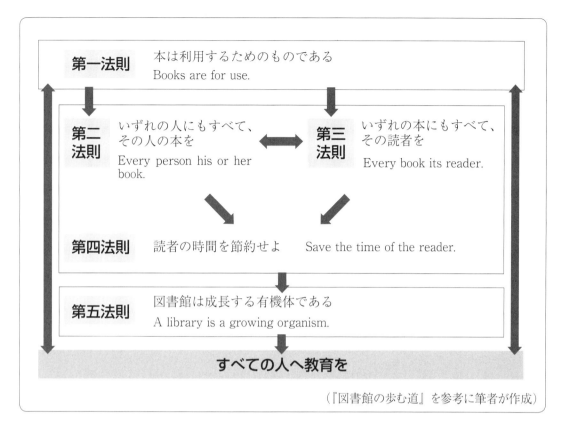

(『図書館の歩む道』を参考に筆者が作成)

3 ランガナタンと学校図書館

　大学で図書館長や学校図書館の講義もしていたランガナタンには、教育や学校図書館について論考した『New Education and School Library』(1973)という著作もあります。その中で、彼はこう主張しています。

　「人間の一生は、学校卒業後、自発的な自己学習に費やす時間が長いので、知識を教えるのではなく、学習のやり方、つまり知識の入手方法を（参考図書を利活用して）教え、あとは自分でやることの実践を基軸に据えた教育を行うべきである」

　ランガナタンの考えた教育の姿が、やっと日本でも学校図書館を中心に実現、あるいは実現されようとしているのです。民主主義社会の力となるよう学校図書館教育を維持・発展させるのが、司書教諭や学校司書の責務といっても過言ではないでしょう。

関連ページ

　「§31　活動を振り返る」　　136ページ

参考文献

○『図書館学の五法則』S. R. ランガナタン著　森耕一監訳　日本図書館協会　1981（絶版）
○『図書館の歩む道：ランガナタン博士の五法則に学ぶ』竹内悊解説　日本図書館協会　2010
○吉植庄栄「S. R. ランガナタン "New Education and School Library" に見られる教育の概念と学校図書館観」『教育思想』No.42　2015　東北教育哲学教育史学会（ランガナタンの著書は和訳なし）

知ろう

3 望まれる学校図書館の役割

3つの役割で教育課程の展開の支援を

「生きる力」を、学校のすべての教育活動で育てようとしている現行の小学校学習指導要領（平成20年3月告示）には、学校図書館について次のように明記されています。

> 「学校図書館を計画的に利用しその機能の活用を図り、児童の主体的、意欲的な学習活動や読書活動を充実すること。」（第1章総則より）

学校図書館は読書のためだけではなく、学習活動のための学習センターや情報センターとしての役割も望まれ、期待されています。

1 読書センターとして

読書にはさまざまなメリットがあります。「豊かな人間性」「読解力や思考力、判断力、表現力」といった「生きる力」を構成する力を育てることができます。そういった力を育成、支援するために学校図書館は中心的な機能を果たしていくという役割があります。

2 学習センターとして

教科・領域の「調べ学習」や、総合的な学習の時間に主に取り組ませる「探究的な学習」は、子どもたちの主体的で意欲的な学習をめざし、「生きる力」を育てようとするものです。それには、資料を提供したり、調べてまとめて伝えたりする方法を学ばせたりすることが必要です。子どもたちの課題意識に応えながら、「生きる力」を構成する論理的に考える力やコミュニケーション力、報告や討論やスピーチをするといった言語能力を育てられるからです。こういったことのために、学校図書館は中心的な機能を果たしていくという役割があります。

3 情報センターとして

子どもたちの読書活動のために必要なさまざまなジャンルの豊富な図書、子どもたちの学習や先生方の授業のために必要な図書をはじめとした資料・情報を収集・整理・提供・保存していくことに、学校図書館は中心的な機能を果たしていくという役割があります。

学校図書館の利活用の意義（イメージ図）

学校の教育活動全般を支える学校図書館

学校図書館
[読書センター] [学習センター] [情報センター]

＝豊富な図書・知識・資料・情報を所蔵＝

各教科等における学習や児童生徒の自主的な読書活動等

総合的な学習の時間における探究的な学習	言語活動	読書活動
【課題の設定】 疑問や関心に基づいて、自ら課題を見付ける ↓ 【情報の収集】 具体的な問題について情報を収集する ↓ 【整理・分析】 収集した情報の整理・分析などを行い、思考する ↓ 【まとめ・表現】 明らかとなった考えや意見などをまとめ・表現する	○体験から感じ取ったことを表現する ○事実を正確に理解し伝達する ○概念・法則・意図などを解釈し、説明したり活用したりする ○情報を分析・評価し、論述する ○課題について、構想を立て実践し、評価・改善する ○互いの考えを伝え合い、自らの考えや集団の考えを発展させる	○人間形成や情操の涵養 ○読解力や想像力、思考力、表現力などの育成 ○語彙や知識の獲得 ○知的探究心や真理を求める態度の育成 ○主体的に社会の形成に参画していくために必要な知識や教養の体得 ○読書習慣の形成

確かな学力
基礎・基本を確実に身に付け、自ら課題を見つけ、自ら学び、自ら考え、主体的に判断し、行動し、よりよく問題を解決する資質や能力

豊かな心
自らを律しつつ、他人とともに協調し、他人を思いやる心や感動する心など

（出典：下記参考ウェブサイト資料p.6）

関連ページ

「§5　全体計画をまず立てる」　16ページ

参考ウェブサイト

○文部科学省、学校図書館担当職員の役割及びその資質の向上に関する調査研究協力者会議「これからの学校図書館担当職員に求められる役割・職務及び資質能力の向上方策等について(報告)」＝http://www.mext.go.jp/component/b_menu/shingi/toushin/__icsFiles/afieldfile/2014/04/01/1346119_2.pdf〔確認2016.3〕

4 司書教諭と学校司書の役割

異なる司書教諭と学校司書の役割

両者とも学校図書館に専門的に関わる職員ですが、名称が異なっているだけではなく役割も異なっています。まず、法律から学校図書館の目的やそれぞれの役割を確認します。

1 学校図書館法にみる役割

学校の特別教室のうちで単独の法律をもち、「第三条　学校には、学校図書館を設けなければならない」と設置が義務付けられているのは学校図書館だけです。戦前とは違う一人ひとりが主人公の民主主義社会をつくる新しい教育には、自主的・主体的な学習とそれを支える学校図書館が必要であるという国民的な理解が、全国学校図書館協議会を中心とする100万通以上集めた署名活動などの法律制定運動に結び付きました。そして「学校図書館法」は、昭和28（1953）年に全党会派の議員立法により全会一致で成立しました。このことを忘れてはいけません。

この法律には、学校図書館の目的と定義が以下のように定められています。

（この法律の目的）
第一条　この法律は、学校図書館が、学校教育において欠くことのできない基礎的な設備であることにかんがみ、その健全な発達を図り、もって<u>学校教育を充実すること</u>を目的とする。

（定義）
第二条　この法律において「学校図書館」とは、小学校（義務教育学校の前期課程及び特別支援学校の小学部を含む。）、中学校（義務教育学校の後期課程、中等教育学校の前期課程及び特別支援学校の中学部を含む。）及び高等学校（中等教育学校の後期課程及び特別支援学校の高等部を含む。）（以下「学校」という。）において、図書、視覚聴覚教育の資料その他学校教育に必要な資料（以下「図書館資料」という。）を収集し、整理し、及び保存し、これを児童又は生徒及び教員の利用に供することによつて、学校の教育課程の展開に寄与するとともに、児童又は生徒の健全な教養を育成することを目的として設けられる学校の設備をいう。

（下線部は筆者）

さらに、司書教諭と学校司書はこのように定められています。

（司書教諭）
第五条　学校には、<u>学校図書館の専門的職務</u>を掌らせるため、司書教諭を置かなければならない。

　　　　　12学級以上の学校には必ず置かなければならない。（参考「学校図書館法附則第二項の学校の規模を定める政令」）

（学校司書）
第六条　学校には、前条第一項の司書教諭のほか、学校図書館の運営の改善及び向上を図り、児童又は生徒及び教員による学校図書館の利用の一層の促進に資するため、<u>専ら学校図書館の職務に従事する職員</u>（次項において「学校司書」という。）を置くよう努めなければならない。

（下線部は筆者）

　これらの法律の条文から、「教育課程の展開に寄与したり、児童生徒の教養を育成することを通して学校教育を充実させるのが学校図書館の目的である」ことが読み取れます。そして、そのために各学校の教育計画の下に学校図書館を利用した授業や諸活動を計画・実施・管理していく（掌る）のが「司書教諭」、学校図書館を児童生徒・教員が利用できるように、資料の収集・整理・提供・保存など図書館にはなくてはならない専門的な仕事を行ったり、学校図書館を利用した授業の支援などを行うのが「学校司書」といえるでしょう。このように役割は異なっています。

　第五条の司書教諭の必置は、昭和28年の法律公布のときから定められていましたが、当時は資格保有者が少なかったなどの理由で、「しばらくの間置かないことができる」と附則に記されていたため、置かないままにしていた学校がほとんどでした。その後、粘り強く多くの関係者が国に働きかけた結果、平成9（1997）年にこの附則が撤廃され、平成15（2003）年4月からは12学級以上の学校に置くことが義務化されています。

　学校司書については、昭和28年の公布時には何も定められていませんでした。平成15年の司書教諭の必置化後、平成26（2014）年の法改正で、平成27（2015）年4月から配置することが各自治体の努力目標となりました。このように多くの人たちの努力で、学校図書館をめぐる環境が改善されてきたことを忘れてはなりません。

　学校図書館の仕事はとても片手間ではできないことは、少しでも携わった経験がある人ならおわかりでしょう。しかし、日本の公立小・中学校で専任の司書教諭を置く学校はほとんどなく、学校司書も50％ほどの配置で身分も安定していないのが現状です。財政的に困難であることが理由の一つであることは間違いないでしょうが、それと同じくらい大きな理由が、学校図書館をはじめとした図書館の教育的価値が、広く知られていないことにあると筆者は考えています。司書教諭や学校司書は、自校の学校図書館の状況が苦しくても協力して何らかの教育活動を通して、子どもたちを成長させたり可能性を広げたりして、その教育的価値を示し続けていく必要があります。

2 それぞれの職務

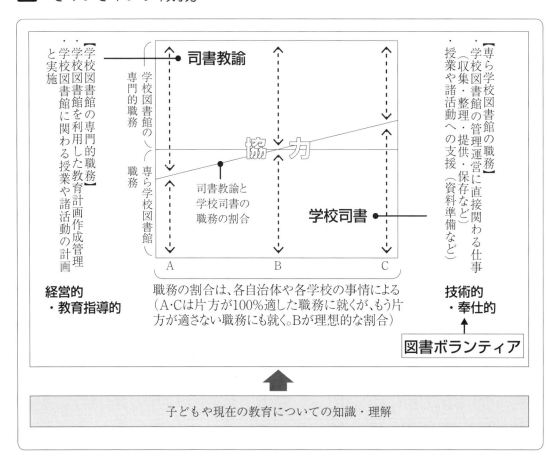

　「司書教諭」と「学校司書」は、どんな職務に取り組めばいいのでしょうか。学校図書館法からはこの図のように読み取れます。前者について経営的職務・教育指導的職務、後者について技術的職務・奉仕的職務と、北海道学校図書館協会研究担当理事の佐藤敬子先生は表現されています。ちなみに、筆者が公共図書館司書を務めていたときは奉仕係でした。忘れがちになりますが、「司書教諭」も「学校司書」も「子どもについての専門的な知識や理解」「現在の学校教育についての専門的な知識や理解」が欠かせません。それらがあってこそ、学校教育が成り立つのです。

　佐藤先生の記述や文部科学省のウェブサイトで閲覧できる報告書「これからの学校図書館担当職員に求められる役割・職務及びその資質能力の向上方策等について」（平成26年3月）を参考にして、「司書教諭」と「学校司書」それぞれの取り組む職務を次ページで例示しましたので参考にしてください。

　なお、本書の各§で紹介した実践には、どちらが担当すべきか、あるいは協力して行うべきかは明記してありません。ここまでに述べたように原則はありますが、各自治体や学校にはそれぞれ事情があると思いますので各校でご判断ください。

司書教諭の職務	学校司書の職務
（経営的職務） ○図書館経営案の立案と提案 ○学校図書館に関わるきまりや行事などの立案と提案 ○学校図書館の運営と管理 ○図書館教育に関する広報 ○校内研修の企画と実施 ○他校や校外各機関との連絡、調整、報告　　　　　　　　　　など （教育指導的職務） ○学校図書館教育の年間指導計画の立案と提案 ○学校図書館に関わる授業の実施 ○学校図書館に関わる授業の支援や助言 ○読書推進活動 ○図書委員会の指導　　　　　　など （その他の職務） ○読書感想文・感想画の校内審査、地区審査 ○他校などの学校図書館教育や活動の情報収集　　　　　　　　　など	（技術的職務） 　〜間接的な支援〜 ○図書館資料の管理 ○施設、設備の整備 ○学校図書館の運営と管理 （奉仕的職務） 　〜直接的な支援〜 ○館内閲覧・利用、館外貸出・返却 ○図書館利用ガイダンス ○レファレンスなどの情報サービス ○読書推進活動 　〜教育的指導への支援〜 ○資料提供、授業参加などの教科などの指導に関する支援 ○資料展示や委員会、クラブ活動への助言などの特別活動の指導に関する支援 ○調べ学習に関する児童生徒への助言などの情報活用能力の育成に関する支援　　　　　　　　　　　　など

（両者は相互に協力）

（参考文献やウェブサイトをもとに筆者作成）

参考文献
○『司書教諭・学校司書のための学校図書館必携』全国学校図書館協議会監修　悠光堂　2015　p.36-37, p.104-107

参考ウェブサイト
○文部科学省、学校図書館担当職員の役割及びその資質の向上に関する調査研究協力者会議「これからの学校図書館担当職員に求められる役割・職務及び資質能力の向上方策等について(報告)」= http://www.mext.go.jp/component/b_menu/shingi/toushin/__icsFiles/afieldfile/2014/04/01/1346119_2.pdf〔確認2016. 3〕

5 全体計画をまず立てる

学校図書館教育の全体像を明らかにした計画を

　学校図書館教育の教育課程への位置付けなどの学校図書館教育の全体像を明らかにした「学校図書館教育全体計画」を、司書教諭が中心となって作成し、学校全体で理解・共有していくことが必要です。

1 全体計画に書くこと

　日本国憲法、教育基本法、学校教育法や学校図書館法、自治体ごとの目標や計画などの下に、社会や地域の要請を受け入れるようにして計画を立案します。
　(1) 学校図書館教育のねらい
　　　学校長の学校経営方針や学校教育目標を実現する視点をもって立案します。
　(2) 各学年の学校図書館教育の目標
　　　発達段階に応じた目標を立てるようにします。
　(3) 教科・領域における学校図書館教育の目標と方法
　　　どのような力や態度をどのような方法で育てるかを書きます。
　(4) 日常的な取組み
　　　(1)〜(3)までのねらいや目標を支える実現可能な取組みを書きます。
　(5) 公共図書館やボランティアとの連携
　　以上を各項目の関係が図でわかるように右ページのように書きます。

2 いつ書くか

　筆者は、春季休業日に入ってすぐに原案を作成または修正した上で、校内の学校図書館研究部で検討。さらに、休業中の職員会議で提案し了承を得ていました。一度作成してあれば、次年度からは修正だけで済みます。

関連ページ
　「§3　望まれる学校図書館の役割」　　10 ページ

参考文献
○『小学校における学び方の指導：探究型学習をすすめるために』徳田悦子著　全国学校図書館協議会　2009

平成○○年度　　　　　　　　　　　　　　　　　　　　　　　　　　　　　　　　　　　　　○○小学校

学校図書館教育全体計画

- 日本国憲法、教育基本法
- 小学校学習指導要領
- 学校教育法、学校図書館法
- 学校図書館憲章
- 子どもの読書活動の推進に関する法律
- ○○県教育に関する3つの達成目標
- ○○県指導の重点努力点
- 市指導の重点努力点
- ○○県子どもの読書活動推進計画
- 市子どもの読書活動推進計画

学校教育目標＆目指す児童像

知・徳・体の調和がとれ、自ら学ぶ、人間性豊かな児童の育成

一、**健康でたくましい子ども**
一、**思いやりのある子ども**
一、**進んで学習する子ども**

- 児童の実態
- 保護者の要請
- 社会の要請
- 時代の要請
- 情報活用能力の育成

学校図書館教育目標

人間性豊かで、自ら進んで本とふれる児童の育成
（読書指導の面から）本を読み楽しみを感じ取れる児童の育成
（調べ学習指導の面から）本や資料を通して学ぶ喜びを感じ取れる児童の育成

各学年の目標

	低学年	中学年	高学年
読書	・楽しんだり知識を得たりするために読書しようとする子ども	・目的に応じていろいろな本を選んで読書しようとする子ども	・目的に応じて、何冊かの本を比べて読書し、考えを広げたり深めたりしようとする子ども
調べ学習	・読みたい本を探して読む子ども	・課題解決のために関係のある本や資料を探して読む子ども	・課題解決のために関係のある本や資料を探して、必要な情報を読み取り、まとめて伝える子ども
図書館	・親しみ慣れる子ども	・活用する子ども	・目的に応じて適切に活用する子ども

各教科・総合的な学習の時間
（読書指導）
・関連的発展的に読書する力を育てる。
・読書を通して、学習内容を定着させたり深めたりする力を育てる。
（調べ学習指導）
・自分で図書や資料を探し集め、それを利用して課題解決し、伝えられる力を育てる。

道徳
・図書を通して、自分と違う考えを尊重したり、自主的に正しい判断ができるようにしたりして、豊かな心情とともに、道徳的判断力や実践力を育てる。

特別活動
・図書館のしくみや利用の仕方の理解を通して、学校図書館を積極的に活用する態度を育てる。

調べ学習指導
○指導内容の整理と体系化、指導の実践および支援
○図書や資料の充実

読書指導・読書活動
○お話バザールの開催
○推薦図書などの紹介
○読書タイム・読書月間の設定
○図書の充実

家庭・地域（公共図書館）との連携

学校図書館ボランティアとの連携　　　　**学校図書館環境の整備と充実**

6 年間指導計画を立てる前に

「学び方の指導体系表」のチェックを

　学校図書館教育の年間指導計画の立案では、計画を立てて、調べて、まとめて、伝えるといった一連の流れの調べ方の指導との関係を知っておくことが欠かせません。具体的にどんな指導をいつ行うのがいいかを体系化した表はすでに存在します。

1 「学び方の指導体系表」とは

　すでに存在するのは、全国学校図書館協議会が平成4（1992）年に「資料・情報を活用する学び方の指導」として発表したものを、社会や学習内容の変化に対応できるよう改訂して平成16（2004）年に発表した「情報・メディアを活用する学び方の指導体系表」です。小学校の低・中・高学年、中学校、高等学校の4ブロックを、「発達段階に応じて、児童生徒自らが学習課題を設定し、情報を収集し、調べ、課題を解決し、結果をまとめ、発表に至るまでの指導内容を系統的に示す」ために、「Ⅰ学習と情報・メディア」「Ⅱ学習に役立つメディアの使い方」「Ⅲ情報の活用の仕方」「Ⅳ学習結果のまとめ方」の4領域に分けてまとめてあります。課題解決方法だけではなく、まとめや発表の方法をもふくめた本格的な調べ学習の体系表ともいえるでしょう。発表以来すでに10年以上経過していますが、その重要性はますます増しています。

2 なぜチェックが必要か

　調べ学習において望まれる指導の内容や順番がすぐに把握できるようになるからです。このような表は他に存在しません。知っておくと、教科書、特に国語教科書で教える調べ方（学び方）がどんな領域かがすぐわかって、この先はどんなことにつながるか、ここまでは何をしておけばいいかが推測できるようになったり、自校で何が取り組まれていないか、どの指導が弱いかがわかったりします。調べ方(学び方)の指導をどうするかの基準ができるのです。

関連ページ

「§16　調べ学習のプロセス」　　68ページ

参考文献

○『情報を学習につなぐ：情報・メディアを活用する学び方の指導体系表解説』全国学校図書館協議会　2008

情報・メディアを活用する学び方の指導体系表

2004年4月1日全国学校図書館協議会制定

	Ⅰ 学習と情報・メディア	Ⅱ 学習に役立つメディアの使い方	Ⅲ 情報の活用の仕方	Ⅳ 学習結果のまとめ方
小学校低学年	○学習のめあてを持つ ・学習テーマの選択 ○情報・メディアの利用法を知る ・学校図書館のきまり ・学級文庫のきまり ・図書の取り扱い方 ・コンピュータの使い方	○学校図書館を利用する ・ラベルと配置 ・レファレンスサービス ○課題に応じて図書資料を利用する ・図鑑等の図書資料 ・掲示、展示資料	○情報を集める ・各種メディアの活用 ・人的情報源の活用 ○記録の取り方を知る ・抜き書きの仕方 ・絵を使った記録の仕方 ・気づいたことの書き方	○学習したことをまとめる ・情報の整理 ・感想の書き方 ・絵や文章のまとめ方 ○学習したことを発表する ・展示、掲示による発表 ・紙芝居やペープサートによる発表 ・OHP、OHCを使った発表 ○学習の過程と結果を評価する ・調べ方 ・まとめ方 ・相互評価
小学校中学年	○学習計画の立て方を知る ・学習テーマの選択 ・調べ方の選択 ○情報・メディアの種類や特性を知る ・図書 ・視聴覚メディア ・電子メディア ・人的情報源 ○情報・メディアの利用法を知る ・学校図書館、学級文庫のきまりや使い方 ・公共図書館でのサービス ・図書の取り扱い方 ・ネットワークの使い方	○学校図書館を利用する ・分類の仕組みと配置 ・請求記号と配架 ・コンピュータ目録 ・レファレンスサービス ○その他の施設を利用する ・公共図書館 ・各種施設 ○課題に応じてメディアを利用する ・国語辞典、地図等の図書資料 ・ファイル資料 ・掲示、展示資料 ・視聴覚メディア ・電子メディア	○情報を集める ・各種メディアの活用 ・人的情報源の活用 ○記録の取り方を知る ・抜き書きの仕方 ・切り抜き、ファイルのつくり方 ・要点のまとめ方 ・表やグラフのつくり方 ・ノートのまとめ方 ・AV機器等を使った記録の取り方 ○必要な情報を選ぶ ・目的に応じた情報の選択 ○利用上の留意点を知る ・インターネット ・著作権 ・情報モラル ・個人情報	○学習したことをまとめる ・情報の取捨選択、整理 ・自分の意見のまとめ方 ・絵や文章のまとめ方 ・図や表の取り入れ方 ・写真や音声の取り入れ方 ・資料リストの作成 ○学習したことを発表する ・展示、掲示による発表 ・紙芝居やペープサートによる発表 ・劇や実演による発表 ・OHP、OHCを使った発表 ○学習の過程と結果を評価する ・メディアの使い方 ・調べ方 ・まとめ方 ・発表の仕方 ・相互評価
小学校高学年	○学習計画を立てる ・学習テーマの決定 ・調べ方の決定 ○情報・メディアの種類や特性を知る ・図書、新聞、雑誌 ・視聴覚メディア ・電子メディア ・人的情報源 ○情報・メディアの利用法を知る ・学校図書館、学級文庫のきまりや使い方 ・公共図書館や各種文化施設でのサービス ・図書の取り扱い方 ・ネットワークの使い方	○学校図書館を利用する ・分類の仕組みと配置 ・請求記号と配架 ・カード目録 ・コンピュータ目録 ・レファレンスサービス ○その他の施設を利用する ・公共図書館 ・各種施設 ○目的に応じてメディアを利用する ・漢字辞典、事典、年鑑等の図書資料 ・新聞、雑誌 ・ファイル資料 ・掲示、展示資料 ・視聴覚メディア ・電子メディア	○情報を集める ・各種メディアの活用 ・人的情報源の活用 ○記録の取り方を知る ・切り抜き、ファイルのつくり方 ・要点のまとめ方 ・表や図のつくり方 ・ノートのまとめ方 ・記録カードのつくり方 ・自作資料の作成法 ・AV機器等を使った記録の取り方 ・コンピュータでの記録の取り方 ○情報を比較し、評価する ・複数の情報の比較、評価 ○利用上の留意点を知る ・インターネット ・著作権 ・情報モラル ・個人情報	○学習したことをまとめる ・情報の取捨選択、整理 ・自分の考えのまとめ方 ・絵や文章のまとめ方 ・図や表の取り入れ方 ・写真や映像、音声の取り入れ方 ・コンピュータを使ったまとめ方 ・資料リストの作成 ○学習したことを発表する ・展示、掲示による発表 ・紙芝居やペープサートによる発表 ・劇や実演による発表 ・録音、ビデオ、OHP、OHCを使った発表 ・コンピュータを使った発表 ○学習の過程と結果を評価する ・メディアの使い方 ・情報の調べ方 ・情報のまとめ方 ・発表の仕方 ・相互評価
中学校	○学習の方法を考える ・いろいろな学習方法 ・学習計画の立て方 ○情報・メディアの種類や特性を知る ・印刷メディア ・視聴覚メディア ・電子メディア ・人的情報源 ○図書館の役割を知る ・学校図書館 ・公共図書館 ・その他の施設 ・ネットワーク	○図書館を利用する ・分類の仕組み ・配架の仕組み ・目録の種類 ・レファレンスサービス ○各種施設を利用する ・博物館 ・資料館 ・美術館 ・行政機関 ・その他の施設 ○目的に応じてメディアを利用する ・参考図書 ・新聞、雑誌 ・ファイル資料 ・視聴覚メディア ・電子メディア	○情報を収集する ・各種メディアの活用 ・人的情報源の活用 ○効果的な記録の取り方を知る ・ノートの作成法 ・カードの作成法 ・切り抜き、ファイルの作成法 ・AV機器等を使った記録の取り方 ・コンピュータを使った記録の取り方 ○情報を分析し、評価する ・目的に応じた評価 ・複数の情報の比較、評価 ○情報の取り扱い方を知る ・インターネット ・著作権 ・情報モラル ・個人情報	○学習の結果をまとめる ・評価した情報の整理 ・伝えたいことの整理 ・自分の考えのまとめ方 ・レポートのまとめ方 ・紙面によるまとめ方 ・コンピュータを使ったまとめ方 ・資料リストの作成 ○まとめたことを発表する ・レポートによる発表 ・口頭による発表 ・展示、掲示による発表 ・実演による発表 ・写真、AV機器を使った発表 ・コンピュータを使った発表 ○学習の過程と結果を評価する ・調査、研究の方法 ・調査、研究の過程 ・成果の評価 ・相互評価
高等学校	○学習の意味を考える ・学習とは何か ○情報化社会とわたしたちの学習を考える ・現代社会と情報・メディア ・学習と情報・メディア ・情報・メディアの種類と特性 ○図書館の機能を知る ・学校図書館 ・公共図書館 ・ネットワーク	○図書館を利用する ・分類の仕組み ・配架の仕組み ・目録の種類 ・レファレンスサービス ○各種施設を利用する ・博物館 ・資料館 ・美術館 ・行政機関 ・企業 ・その他の施設 ○効果的にメディアを利用する ・参考図書 ・新聞、雑誌 ・ファイル資料 ・視聴覚メディア ・電子メディア	○情報を収集する ・各種メディアの活用 ・人的情報源の活用 ・調査、実験、体験などからの情報の入手 ○効果的に記録する ・ノートの作成法 ・カードの作成法 ・切り抜き、ファイルの作成法 ・AV機器を使った記録の取り方 ・写真、AV機器を使った発表 ・コンピュータを使った記録の取り方 ○情報を評価する ・情報源の評価 ・目的に応じた情報の比較、評価 ○情報の取り扱い方を知る ・インターネット ・著作権 ・情報モラル ・個人情報	○学習の結果をまとめる ・評価した情報の整理 ・自分の考えのまとめ方 ・目的に応じた記録のまとめ方 ・資料リストの作成 ○まとめたことを発表する ・レポートによる発表 ・口頭による発表 ・展示、掲示による発表 ・実演による発表 ・コンピュータを使った発表 ○学習の過程と結果を評価する ・調査研究の方法と過程 ・成果の評価 ・相互評価

指導計画をどうするか

7 年間指導計画を立てる

学校図書館教育の指導をどの教科・領域のどんな指導場面で行うか

「年間指導計画」は、学習指導の大もとになる重要な計画です。学校図書館教育は、読書指導と調べ学習指導（学び方指導）の二つに大きく分かれますので、どの教科・領域のどんな指導場面でこの二つの指導をするかの計画を立て準備を進めることになります。通常、4月の新年度に間に合うよう立てます。

1 年間指導計画を立てる

学校図書館教育の年間指導計画は多くの教科・領域が対象になります。読書指導については国語が対象になりますが、調べ学習については国語をはじめ社会科や理科、総合的な学習の時間などが対象となります。まず、教科書、指導書、教科書会社の資料、それぞれの主任の先生などからどの学年がいつどんな学校図書館に関わる学習をするのかといった情報を収集します。そして、収集した情報をもとに§6の「学び方の指導体系表」も参考にして、読書指導、調べ学習指導（学び方指導）の内容を明記するようにします。

「学校図書館教育年間指導計画」　→4年生版を右ページから掲載
　　＜教科書会社＞国語：光村図書出版
　　　　　　　　社会：東京書籍（副読本は市教委編集のもの）
　　　　　　　　理科：大日本図書

2 立てた後で

司書教諭は学級担任と兼務だとしても、いつどの学年がどの教科や領域で学校図書館に関わる内容を学習するのか把握しておく必要があります。把握しておかないと授業や支援ができないからです。年間指導計画を立てているとおおよそ把握できますが、筆者は教科では最も関連がある国語の教科書（光村図書出版）における学校図書館教育全学年版を、年間指導計画をもとに編集して、確認準備や授業の提案・実施などに活用しました。

実際に授業をすれば、授業内容のよかったところや改善すべきところを必ずメモしておき、次年度に生かすようにします。

「国語教科書における学校図書館教育」　→　23ページから掲載
　学校図書館教育に関わる指導事項は次のように記号を付け、網掛けで表示。

（読）読書活動に関わること　　（利）図書館利用に関わること　　（調）調べ学習に関わること
（書）読書活動や調べ学習に関わる書く活動
（話）読書活動や調べ学習に関わる話す聞く活動

3 こんな役割も

　指導計画はすべての先生方が利用します。司書教諭や学校司書が年間の指導の見通しをもったり準備をしたりするほかに、先生方に学校図書館教育をどこで行うのかを知らせるといった役割や、学校図書館教育への支援を求めやすくするといった役割もあります。

関連ページ

「§9　教育活動に役立つように」　　36 ページ

参考文献

○『小学校における学び方の指導：探究型学習をすすめるために』徳田悦子著　全国学校図書館協議会　2009

平成 27 年度学校図書館教育　第 4 学年・第 1 学期指導計画

○○小学校

	1学期			
	4月	5月	6月	7月
国語	（読）関連読書／物語 ←白いぼうし （調）漢字辞典の使い方 ←漢字辞典の使い方	（書）興味をもった部分を引用し、それについて自分の考えをまとめ、文章に書く ←動いて、考えて、また動く	（調）新聞の特徴やつくり方 （調）メモやアンケート方法 （調）写真や図などの適切な選択 ←新聞をつくる （読）読み聞かせ／昔話 ←ふるやのもり	（読）（書）戦争や平和についての本を読み紹介する文章を書く ←一つの花 （読）目的に応じて文章を読む ←「読むこと」について考えよう （書）本の紹介カードを書く （利）本の探し方について確認する ←かげ
	<通年>学習を広げよう（読）この本、読もう（書）手紙で伝えよう			
社会	4　安全なくらし 　1　火事をふせぐ （調）グラフの見かた （調）見学ノート	1　火事をふせぐ （調）見学のしかた （調）消防しせつマップのつくり方	2　事けんや事こをふせぐ （調）インタビューメモ （調）まとめとしての話し合い 5　住みよいくらし 　1　くらしとごみ	1　くらしとごみ
理科	1　季節と生きもの（春） 　1　1年間のかんさつ 　2　身近な動物 　3　身近な植物 （調）図鑑の利用 2　天気と気温 ◎天気と気温	3　電池のはたらき 　1　かん電池のはたらき 　2　かん電池のつなぎ方	3　光電池のはたらき 4　とじこめた空気や水 　1　とじこめた空気 　2　とじこめた水 ◎季節と生きもの（夏） 　1　身近な動物	2　身近な植物 （調）図鑑の利用 5　星や月（1） ◎星の明るさや色 （調）本の利用／星座の神話 ◎自由研究 （調）総合的な調べ学習
学活(2)		○本の借り方、返し方 （利）図書館の利用		
総合	手と心をつないで （調）総合的な調べ学習 コンピュータの操作 （調）コンピュータの操作法			

（読）読書活動に関わること　（利）図書館利用に関わること　（調）調べ学習に関わること
（書）読書活動や調べ学習に関わる書く活動　（話）読書活動や調べ学習に関わる話す聞く活動

平成27年度学校図書館教育　第4学年・第2学期指導計画

〇〇小学校

	2学期			
	9月	10月	11月	12月
国語	(調)調べて記録してまとめる (話)調べたことの口頭発表 ←だれでもが関わり合えるように		(調)写真の撮り方・読み方 ←アップとルーズで伝える (書)写真と文章を対応させてリーフレットを書く ←「クラブ活動リーフレット」をつくろう	(書)物語を読んで，感想文を書く ←プラタナスの木
	＜通年＞学習を広げよう (読)この本，読もう (書)手紙で伝えよう			
社会	5　住みよいくらし 　2　くらしと水 (調)お礼の手紙 (調)新聞づくり	6　地いきの発展につくした人々 　1　井沢弥惣兵衛と見沼代用水 (調)年表の読み取り方	1　井沢弥惣兵衛と見沼代用水 (調)まとめとしての話し合い 7　わたしたちの埼玉県 　1　埼玉県の様子	1　埼玉県の様子
理科	◎季節と生きもの(夏の終わり) ◎身近な植物や動物 (調)図鑑の利用 6　わたしたちの体と運動 　1　人のほねときん肉 　2　動物のほねときん肉 (調)本やコンピュータの利用／骨や筋肉	7　星や月 (2) 　1　半月の動き 　2　満月の動き (調)コンピュータの利用／月の動き ◎季節と生きもの(秋) 　1　身近な動物	2　身近な植物 (調)図鑑の利用 ◎わたしたちの理科室 8　ものの温度と体積のかわり方 　1　空気の温度と体積のかわり方 　2　水の温度と体積のかわり方 　3　金ぞくの温度と体積のかわり方	9　もののあたたまり方 　1　金ぞくのあたたまり方 　2　水と空気のあたたまり方
学活(2)		○本となかよし (読)読書生活		
総合	手と心をつないで (調)総合的な調べ学習		親善大使になろう (調)総合的な調べ学習	
	コンピュータの操作 (調)コンピュータの操作法			

(読)読書活動に関わること　(利)図書館利用に関わること　(調)調べ学習に関わること
(書)読書活動や調べ学習に関わる書く活動　(話)読書活動や調べ学習に関わる話す聞く活動

平成27年度学校図書館教育　第4学年・第3学期指導計画

〇〇小学校

	3学期		
	1月	2月	3月
国語	(書)興味をもったところを中心に科学読み物を読み，紹介文を書く ←ウナギのなぞを追って	(調)メモの書き方 ←聞き取りメモの工夫	(調)(書)本で調べて報告書を書く ←わたしの研究レポート
	＜通年＞学習を広げよう (読)この本，読もう (書)手紙で伝えよう		
社会	7　わたしたちの埼玉県 　1　埼玉県のようす	2　まちのよさを生かした人々のくらし	2　まちのよさを生かした人々のくらし (調)まとめとしての話し合い
理科	10　星や月 (3) ◎星の動き ◎季節と生きもの(冬) 　1　身近な動物 　2　身近な植物 (調)図鑑の利用	3　1年間をふりかえって (調)図鑑の利用 (調)発表会 11　すがたをかえる水 　1　あたためたときの水のようす 　2　ひやしたとき水のようす 　3　水のすがたと温度 12　自然の中の水 ◎水のゆくえ	◎季節と生きもの(春のおとずれ) ◎身近な植物や動物 (調)図鑑の利用
学活(2)			
総合	親善大使になろう (調)総合的な調べ学習 コンピュータの操作 (調)コンピュータの操作法		

(読)読書活動に関わること　(利)図書館利用に関わること　(調)調べ学習に関わること
(書)読書活動や調べ学習に関わる書く活動　(話)読書活動や調べ学習に関わる話す聞く活動

平成27年度　国語教科書における学校図書館教育・1学期

○○小学校

	4月	5月	6月	7月
1年	（読）読み聞かせを聞いて楽しむ ←どんな　おはなしかな	（読）詩を楽しんだり，想像を広げたりして読む ←あさの　おひさま	（読）関連読書／生き物についての本 ←くちばし （読）昔話を想像を広げながら楽しんで読む ←おむすび　ころりん	（利）どんな本がどんなふうに置いてあるのかを知る （利）学校図書館の本の借り方を知る （読）（話）読んだ本について，好きなところを紹介する ←ほんは　ともだち
2年		（読）読み聞かせ／神話 （読）関連読書／昔話 ←いなばの　白うさぎ	（書）物語を読んで，感想を書く ←スイミー	（利）本の分け方や並べ方について知る （読）（話）学校図書館の本を読み，お話クイズをする ←お話クイズをしよう
	\<通年\>がくしゅうを広げよう（読）この本，読もう			
3年	（調）国語辞典のつかい方 ←国語辞典のつかい方		（調）調べたことをカードに記録する （書）調べたことを報告する文章を書く ←気になる記号 （読）読み聞かせ／昔話 ←たのきゅう	（利）図書館の利用方法を確かめる （調）本の分類表について知る （調）図鑑や百科事典などの使い方を知る （調）目次や索引から調べる方法を知る （書）大事なことを引用，要約する （調）学習課題を設定して調べてまとめる （読）読書活動／知りたいことがわかる本 ←本を使って調べよう
	\<通年\>学習を広げよう（読）この本，読もう			
4年	（読）関連読書／物語 ←白いぼうし （調）漢字辞典の使い方 ←漢字辞典の使い方	（書）興味をもった部分を引用し，それについて自分の考えをまとめ，文章に書く ←動いて，考えて，また動く	（調）新聞の特徴やつくり方 （調）メモやアンケート方法 （調）写真や図などの適切な選択 ←新聞をつくる （読）読み聞かせ／昔話 ←ふるやのもり	（読）（書）戦争や平和についての本を読み紹介する文章を書く ←一つの花 （読）目的に応じて文章を読む （読）「読むこと」について考えよう （書）本の紹介カードを書く （利）本の探し方について確認する ←かげ
	\<通年\>学習を広げよう（読）この本，読もう（書）手紙で伝えよう			
5年	（調）（書）インタビューをして，内容を整理して文にまとめる ←教えて，あなたのこと （調）新聞の構成編集や記事の書き方を知る ←新聞を読もう	（話）インタビューの方法と報告 ←きいて，きいて，きいてみよう	（書）読んだ本などから1冊決め，ポスター，ポップ，帯のどれかをつくる ←広がるつながるわたしたちの読書 （調）著作権について知る ←著作権について知ろう	（書）活動報告書を書く ←次への一歩－活動報告書
	\<通年\>学習を広げよう（読）この本，読もう \<通年\>学習を広げよう（調）（書）通信文のいろいろ／手紙・ファクシミリ・メール			
6年	（読）（書）感想を書く ←カレーライス		（読）（話）自分と本との関わりについて考えたことを交流する （読）（書）いちばん心に残っている本について文章を書く ←私と本 （読）昔話の読み聞かせを聞く ←河鹿の屏風	（調）（書）自分の町を紹介するパンフレットをつくる ←ようこそ，私たちの町へ
	\<通年\>学習を広げよう（読）この本，読もう \<通年\>学習を広げよう（調）考えを助ける図表			

（読）読書活動に関わること　　（利）図書館利用に関わること　　（調）調べ学習に関わること
（書）読書活動や調べ学習に関わる書く活動　　（話）読書活動や調べ学習に関わる話す聞く活動

平成27年度　国語教科書における学校図書館教育・2学期

○○小学校

	9月	10月	11月	12月
1年	（読）（調）（話）生き物の図鑑や科学読み物を読み，生き物について調べ，友達に知らせる （読）関連読書／生き物についての本 ←うみのかくれんぼ		（調）（書）本を読んで調べて書きぬき，カードをつくる （読）関連読書／事物の仕組みなどを紹介した本 ←じどう車くらべ	（読）読み聞かせ／昔話 ←まのいいりょうし （読）昔話を読む （書）読書記録の付け方を知る （話）好きなところを友達と紹介し合う ←むかしばなしがいっぱい （読）読みたい本を選ぶ （読）読み聞かせを聞く （書）本を紹介するカードを書く ←本をえらんでよもう
2年		（読）関連読書／物語 ←お手紙	（読）関連読書／つくり方・使い方・遊び方の本 ←しかけカードのつくり方 （書）絵と文でつくり方を説明する ←おもちゃのつくり方	
	＜通年＞がくしゅうを広げよう（読）この本，読もう			
3年	（調）インタビューで調べる ←つたえよう，楽しい学校生活	（読）（書）感想文を書く ←ちいちゃんのかげおくり	（読）（書）食べ物について書かれた本を読み，内容と説明の工夫を簡単にまとめる ←すがたをかえる大豆 （調）食材を決め，その本を読み，文章の構成を考えて説明する文章を書く ←食べ物のひみつを教えます	（読）（話）民話や昔話を読み，おもしろいと思うところを紹介する ←三年とうげ
	＜通年＞学習を広げよう（読）この本，読もう			
4年	（調）調べて記録してまとめる （話）調べたことの口頭発表 ←だれでもが関わり合えるように		（調）写真の撮り方・読み方 ←アップとルーズで伝える （書）写真と文章を対応させてリーフレットを書く ←「クラブ活動リーフレット」をつくろう	（書）物語を読んで，感想文を書く ←プラタナスの木
	＜通年＞学習を広げよう（読）この本，読もう（書）手紙で伝えよう			
5年	（調）（書）自分たちの身の回りにある問題を解決するための提案書を書く （調）インターネット使用上の注意点を知る ←明日をつくるわたしたち		（読）（話）物語の魅力を紹介する ←大造じいさんとガン （調）表やグラフ，写真，図を使った説明の意図と効果について考える ←天気を予想する （調）（書）グラフや表を用いて，意見を文章に書く ←グラフや表を用いて書こう	（読）（書）伝記を読み，自分の生き方について考える ←百年後のふるさとを守る
	＜通年＞学習を広げよう（読）この本，読もう ＜通年＞学習を広げよう（調）（書）通信文のいろいろ／手紙・ファクシミリ・メール			
6年	（調）（話）自分の考えの根拠になる情報を資料から調べ意見文を書き，グループで交流する ←未来がよりよくあるために （調）漢字二字・三字の熟語を調べる ←熟語の成り立ち	（読）宮澤賢治の作品を読む ←やまなし	（読）（書）文章と絵を照らし合わせながら読み，自分の感じ方をまとめる ←『鳥獣戯画』を読む （書）絵から読み取ったことや感じたことを文章に書く ←この絵，わたしはこう見る	
	＜通年＞学習を広げよう（読）この本，読もう ＜通年＞学習を広げよう（調）考えを助ける図表			

（読）読書活動に関わること　（利）図書館利用に関わること　（調）調べ学習に関わること
（書）読書活動や調べ学習に関わる書く活動　（話）読書活動や調べ学習に関わる話す聞く活動

平成27年度　国語教科書における学校図書館教育・3学期

〇〇小学校

	3学期		
	1月	2月	3月
1年		（読）動物の赤ちゃんの本を読む （書）本を読み，わかったことや感想をまとめる ←どうぶつの　赤ちゃん	
2年	（読）読み聞かせ／昔話 ←三まいのおふだ （読）関連読書／いろいろな遊びについて紹介した本	（読）関連読書／世界の文化や風土がわかる本 ←スーホの白い馬	
	<通年>がくしゅうを広げよう（読）この本，読もう		
3年	（読）（話）科学読み物を読んで，考えの進め方をとらえて，紹介する ←ありの行列 （調）資料からわかったことをノートに書く （書）発表メモを書く （話）わかったことを発表する ←しりょうからわかる，小学生のこと	（調）簡単な単語をローマ字でコンピュータに入力する ←コンピュータのローマ字入力 （調）ことわざについて本や辞典で調べ，その内容と書誌情報を記録する （調）報告書を書き，読み返す ←ことわざについて調べよう	（読）（書）物語のポスターを作る ←モチモチの木
	<通年>学習を広げよう（読）この本，読もう		
4年	（書）興味をもったところを中心に科学読み物を読み，紹介文を書く ←ウナギのなぞを追って	（調）メモの書き方 ←聞き取りメモの工夫	（調）（書）本で調べて報告書を書く ←わたしの研究レポート
	<通年>学習を広げよう（読）この本，読もう（書）手紙で伝えよう		
5年	（読）詩集の楽しみ方を見付ける ←詩の楽しみ方を見付けよう （書）メディアとの関わり方について，自分の考えを文章にまとめる ←想像力のスイッチを入れよう （読）読み聞かせ／昔話 ←見るなのざしき	（読）（話）物語を読んで自分の考えをまとめ，交流する （読）これまでに読んだ物語や読んだ本について，作品の特徴をグループで交流する ←わらぐつの中の神様	
	<通年>学習を広げよう（読）この本，読もう <通年>学習を広げよう（調）（書）通信文のいろいろ／手紙・ファクシミリ・メール		
6年		（読）（書）物語を読み，人物の生き方について自分の考えを文章にまとめる ←海の命	（調）（話）必要な資料を用意し，提示しながら「卒業を前に思うこと」をテーマにスピーチする ←今，私は，ぼくは
	<通年>学習を広げよう（読）この本，読もう <通年>学習を広げよう（調）考えを助ける図表		

（読）読書活動に関わること　　（利）図書館利用に関わること　　（調）調べ学習に関わること
（書）読書活動や調べ学習に関わる書く活動　　（話）読書活動や調べ学習に関わる話す聞く活動

8 検索手段の確立を

子どもたち、先生方の時間の節約をしよう

「この学校の図書館は、一週間するとどこにどんな本があるかわからなくなる」

かつて勤務した学校で子どもからこう言われたことがあります。このひとことがまだ聞ける学校があるとするならば、その図書館は図書館ではなく、整理されていない本の倉庫ということになるでしょう。では、図書館と本の倉庫はどう違うのでしょうか。

> 条件1　本の主題ごとに整理されて配架され、検索手段があるのが図書館
> 条件2　教育課程の展開に寄与する、言いかえれば教育活動の役に立つのが学校図書館

少なくともこの二つの条件をクリアしなければ学校図書館とはいえません。

「ウチの学校図書館にはコンピュータはまだ導入されていないので、検索なんてとてもとても……」

「図書部に入っていない先生たちが多いので、授業で使えそうな本があるけど、なかなか使ってくれなくて。役に立っていないなぁ」

そう思うのはまだ早いと言わざるをえません。ここでの検索とは、コンピュータを使ってデータ処理をすることではありません。目的とする本を何らかの手段で探し出すことです。また教育活動に役立ちそうな本があっても、探す時間が必要となってはいませんか。ここでランガナタンの第四法則です。

> 読者の時間を節約せよ
> Save the time of the reader.

いかに早く必要な本に子どもたちや先生方にアクセスしてもらうか。そのための方法を考えて整えていくことが肝要です。§8ではこの「条件1」のために、§9では「条件2」のためにそれぞれどんな工夫をして、利用者の時間の節約を図ったかを紹介します。

1 NDC分類番号とその活用

図書館での図書の受け入れはこのようにされていきます。

NDC（Nippon Decimal Classification 日本十進分類法）の分類表の分類番号をすべての図書資料に与える。

↓

一冊ごとに右記のような分類ラベルを本の背に貼付する。

蔵書印押印や必要に応じてビニールカバーをかけるなど装備をする。

↓

分類番号順に配架する。

↓

サイン（小さな案内掲示）を書架に付ける。

分類ラベル（分類シール）

①分類番号（NDCによる）
　※この番号は分類記号ともいわれる。
②図書記号（書名か作者名の最初の一字）
③巻冊記号（シリーズのNo.）

　国立国会図書館はNDCの分類番号を利用していませんが、他の日本中の公共図書館や学校図書館では、NDCを利用し整備しています。なお、この分類番号はあくまで本の分類のための番号であって配架のための番号ではありません。今のところ決定的な番号の付け方は存在していません。分類番号を援用・活用しているということになります。したがって、各校の実態に応じて工夫していくことが求められます。

　筆者は、コンピュータが整備されている学校図書館での司書教諭経験はありませんので、コンピュータ未整備の学校図書館における図書整備の実践例となったことをおことわりしておきます。

　NDCの分類番号を所蔵図書すべてに与え、その分類番号順に配架・整理することが整備の基本です。なぜなら、分類のための番号は〝本の住所・番地〟としての意味も併せもつからです。詳しくは子ども用にこの分類番号の仕組みを説明した**資料1**を参照してください。番号を与える場合には教育課程のどんな場面でどの資料がどう使われるかを予想し、その目的に一番合致するであろう主題の分類番号を与えることが必要です。本の奥付けに出版社が与えた分類番号が記載されていることがありますが、本の主題を正確に表していないことや、子どもたちの利用の実態に合っていないことがあります。迷ったときは、図書の本文に目を通して、改めて番号を与えます。新刊図書なら、全国学校図書館協議会が月2回発行している『学校図書館速報版』に、選定会議で選定された図書の一冊一冊の適切な分類番号をはじめ書誌情報が掲載されるので参考にできます。

　また、「植物」の本のようにそれが植物学の4類か栽培法の6類か、このような違いが出

てくることもあります。やはりどのように利用されるか、どちらが見つけやすいかを考えて番号を与えます。主題が複数ある場合は、複本（２冊以上の同じタイトルの本）を用意してそれぞれの分類番号を付与すればいいのですが、できない場合は１冊のときと同じようにして番号を与えます。

　小学校においては数万冊という冊数にはならないため、探すのに必要だと判断した主題の本だけに３けたの分類番号を与え、あとは２けたに簡略化したりすることが多くなっています。筆者が３けたの番号を付けた主題は次の通りです。

```
289  伝記      366  職業・仕事    388  民話・神話
519  環境・公害  811  漢字・ローマ字  813  国語辞典・漢字辞典
816  作文・文章  818  方言        911  詩・短歌・俳句
```

　本に分類番号が与えられているとしても、検索手段があるとまではいえません。主な利用者である子どもたちが、この番号を理解してこそ、コンピュータほど精細ではありませんが、検索手段を手にしたといえます。子どもたちの理解のために次のようなことをしました。

(1) 「分類表」の作成と掲示

　各類ごとにA２サイズで表を作成。計10枚を「本の住所」と名付けて掲示しました。本一冊一冊すべてに書架の場所が決まっていて、いつもそこにあるという意味合いで「住所」としました。

(2) サイン、分類ラベルの色の統一

　小学校の学校図書館なら、これはぜひ実行を。番号をもとに探すのは苦手でも、色をもとに大まかに探せる子どもは珍しくないからです。写真のように各類ごとに決めた色を明示したサインをつくり、分類ラベルの色も同じにします。これで探しやすさが向上します。

ラベルの枠の色とサインの地の色をそろえる

(3) 「本のさがし方 ～本にも住所がある!?～」の作成と掲示（**資料２，３**）

「分類表」と同じくA２サイズで作成して掲示。さらにA４サイズでも作成し、自由に持っていけるようにしました。

(4) 「分類番号索引」の作成

　分類番号の仕組みはわかり、「分類表」もあるとしても、調べていることが当てはまる分類番号が何番かまでたどりつけない子どもが相当数います。そのときに有効なのは、「分類

番号索引」です。3年生以上の学習内容から主題を選んで50音順にしておき、それぞれの分類番号がわかるようにしたものを作成・用意しておきます。いわば『日本十進分類法』（日本図書館協会）にある「相関索引」の学校図書館版です。

(5) 配架順への配慮

もちろん原則として1類から9類まで番号順に書架に配架することも重要です。0類のように百科事典などの参考図書（レファレンスブック）は、子どもたちが手に取りやすく管理もしやすいところに配架するといいでしょう。

(6) 分類番号の仕組みを授業する

分類番号とは何かを子どもたちに教えることは必須事項です。光村図書出版の国語教科書では4年生の7月、夏休み直前に教えることになっていますが、不十分な指導になりがちなタイミングです。改めて秋の読書週間のころか、本格的な調べ学習の際に指導しておくといいでしょう。司書教諭としては、できるだけ多くの学級で直接指導しておきたいものです。指導者を「探検隊長」、参加する子どもたちを「隊員」と見立て、分類ラベルの仕組みを知らせ、指定された番号の本を探させる授業「いろいろな本をさがそう」で使用したワークシートが、**資料4**です。なお、裏側は資料3と同じ「本の住所一覧表」をプリントしました。

2 返却方法の工夫

たった一冊でも分類番号と違う所に置かれたら、探し出して元に戻すには相当の時間とエネルギーがかかってしまいます。それを防ぎ、いつも同じ所に同じ本があるようにするためにこうしました。

> 本を元の所へ戻すのは、図書委員やボランティアの方たちの担当

このために、車輪付きブックトラックを1台用意しておき、そこへ利用した本を戻させるようにしました。

関連ページ

「§17 情報の探し方」　　72ページ

― さがすために知っておいてほしいこと　1 ―

本はみんな住所・番地を持っている!?

　小中学生のみなさんは、それぞれのお家から学校に通学していますよね。そして、放課後またそのお家へ帰ることと思います。実は、図書館の本もみんな同じです。いつもおいてある所（住所）が決まっていて、かりられたりした後は、必ずその住所へ帰ります。（もちろん本は自分では歩かないから、図書館で働く人たちがもとの所へもどすのですが）でも、どうしてもとの所へもどすことができるのでしょう。

　みなさんの家の住所には、東町１－２－３のような番地がついていますよね。ついていない人はいないはずです。この番地をもとに、郵便がとどいたり、お客さんがたずねてきたりするのですから。**図書館の本もみんなこれと同じような番地を持っている**のです。その番地があるから、図書館で働く人は、本をさがしたり、本をもとの所におくことができるのです。言い方を変えると、本はすべて番地じゅんに本だなにならんでいるのです。ということは、**本の番地さえわかれば、本をさがすのがかんたんになる**のです。では、本の番地はどうすればわかるのでしょう。それは、本の背の下の方を見ればいいのです。

| 913 | 291 | 487 | 531 | 778 | 007 |

　図書館の本の背の下には、必ず上のように数字や記号が書いてあるラベルがはってあります。これが本の番地です。これは、めちゃくちゃにてきとうな数字をつけたのではありません。「日本十進分類法」（にほんじゅっしんぶんるいほう）というきまりをもとにつけられています。日本中のほとんどすべての図書館でおなじようにしていますので、このきまりのしくみを知っておくと、たいていの図書館で本をさがすのが楽になります。

```
みんなの家には住所・番地がある　＝　図書館の本にも住所・番地がある
　知っていると　↓　　　　　　　　　　知っていると　↓
　家をさがすのが楽になる　　　　　　　本をさがすのが楽になる
```

資料1

さがすために知っておいてほしいこと　２

本の番地のしくみ

「本の番地を知ってると、本をさがすのが楽になることはわかった。でも、本の背を見なければわからないよ。」
　こんなふうに思いませんか。でも、**調べているのはどんなことなのか**がわかっていれば、だいたいの番地を知ることはそうむずかしくありません。
　番地のもとになっている「日本十進分類法（にほんじゅっしんぶんるいほう）」では、すべての本を、**書かれていることがら**によって、まず次のように１０にわけています。

１００	こころ・しゅうきょう・どうとく
２００	れきし・ちり
３００	しゃかい（よのなか）のようす
４００	しぜん・さんすう・りか
５００	こうぎょう・のりもの・かてい・りょうり・しゅげい
６００	さんぎょう・ぎじゅつ・ペット
７００	げいじゅつ・びじゅつ・え・げき・スポーツ・あそび
８００	ことば・し・たんか・はいく・かんじ・さくぶん
９００	ものがたり
０００	上のわけかたに入らないもの（コンピュータ・としょかんなど）

これで、

　　　日本のむかしのことなら・・・れきし・・・・２００
　　　太陽や**月**のことなら・・・・しぜん・・・・４００
　　　ケーキのことなら・・・・・・りょうり・・・５００
　　　サッカーのことなら・・・・・スポーツ・・・７００

　　　　　　　　　　　　　のような番地になることがわかります。

　でも、これでは、東町１－２－３のうち東町１までがわかったようなもので、ややおおざっぱです。東町１－２まで知っておくとさがしやすくなります。
　では、４００の番地を例にしてさらにくわしく説明しましょう。

400という番地は、書かれていることがらが「しぜん・さんすう・りか」のことになりますが、さらに次のように10の番地にわけることができます。

400	下のわけかたに入らないもの	450	ちきゅう・てんき
410	さんすう	460	いきもの
420	ぶつり	470	しょくぶつ
430	かがく	480	どうぶつ
440	うちゅう	490	人間のからだ・びょうき

この中の450という番地も、また次のように10の番地にわけることができます。

450	下のわけかたに入らないもの	455	ちしつ
451	てんき	456	じめんのれきし
452	うみ	457	かせき
453	じしん	458	いわ・いし
454	ちけい	459	きん・ぎん・せきゆ・ガス

ここまでをまとめます。

$$\boxed{400} \begin{cases} 000 \\ \\ 900 \end{cases} \boxed{450} \begin{cases} 400 \\ \\ 490 \end{cases} \begin{cases} 450 \\ \sim \\ 459 \end{cases}$$

本に書かれていることがらによって番地は10に分けられ、さらに10に分けられ、また10に分けられました。これが日本十進分類法（にほんじゅっしんぶんるいほう）のしくみなのです。本にはすべてこのしくみによって番地がつけられています。

さて、ここまで〝本の番地〟とよんできましたが、これは正しいよび方ではありません。ここで、正しいよび方をぜひおぼえて下さい。

書かれていることがらによって番地を変えていくということは、もうわかったと思います。この**書かれていることがらによって変えることを分類（ぶんるい）と言います**。日本十進分類法の分類にしたがって番号を変えていくことが、〝本の番地〟のしくみなのです。したがって、〝本の番地〟のことは、**分類番号**とよびます。

本の番地＝**分 類 番 号** ── 書かれていることがらで決まる
　　　　　　　　　　　　　└── 本にはすべてついている

本のさがし方
～本にも住所がある!?～

調べることをはっきりさせる　　　（例）「地しんはなぜおこるのか」

↓

言葉（キーワード）にして調べていく　　　「地しん」

（まず、事典などで調べてみよう）

調べたいこと		どの事典などを使うか	分類番号
●ことばについて	→	国語辞典（こくごじてん）	813
●漢字について	→	漢和辞典（かんわじてん）	813
●人について	→	人物事典（じんぶつじてん）・百科事典	28・031
●ものごとの1年間の変わり方やまとめ、統計など	→	年鑑（ねんかん）	35
●埼玉や自分たちの住む市について	→	郷土資料（きょうどしりょう）	さいたま
●そのほかのことがら	→	百科事典（ひゃっかじてん）	031

↓

（事典などには出ていなかった・もっとくわしく知りたい）

↓

本の住所（分類番号）をもとにして本をさがす

本にも「東町1－2－3」のような住所があります。
それが、この図書室ろうか側の上のパネル「分類表の番号」です。この番号のことを**分類番号**といいます。
世の中のすべてのことについて、種類や内容ごとにこの分類番号をつけ、本の整理をする仕組みが図書館にはあるのです。
つまり、本の住所を利用して、同じ種類や内容の本がいつも同じ本だなの同じ所にあるようになっているのです。
だから、自分が調べていることの住所である**分類番号**を調べて、その住所の本だなをさがせば、むだなく本がさがせます。

●分類番号●

→	4	5
図書記号 → （書名か作者名の最初の一字）	ジ	
巻冊記号 → （シリーズの№）	1	

※このような本のせなかのシールを「分類ラベル」という。

↓

「分類表」0～9のどの住所か調べる　　　「算数・理科・自然のこと」→「4」

↓

さらにくわしい住所を調べる　　　「地しん」→「45」

↓

その住所（分類番号）の本だなでさがす

↓

本があった！	本がない・・・
「もくじ」や「さくいん」を使って調べる	もう一度「分類表」のどの住所か考える または 言葉（キーワード）を変えてやり直す

資料2

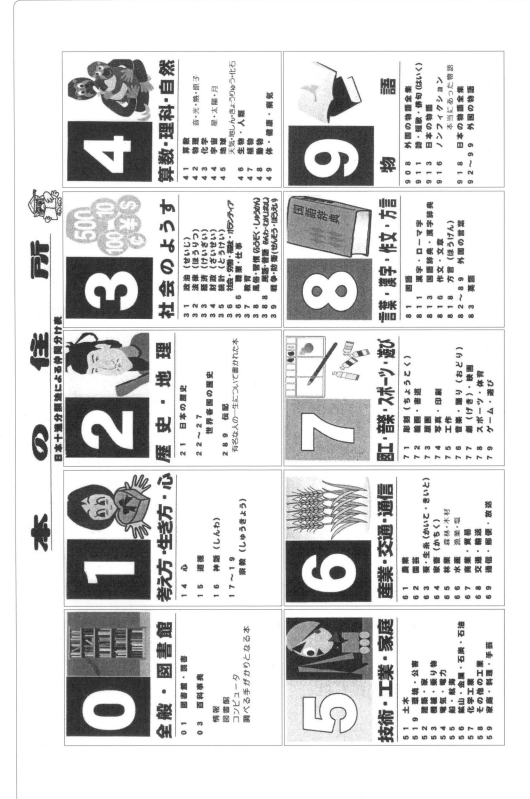

資料3

本の探検隊にさんかしよう！　隊員　年　組 ＊

いろいろな本をさがそう

指令1　「指令書」の作者が書いたお話を1さつさがせ。

本の名前

指令2　「分類ラベル」を書きうつし、そのひみつを考えよ。

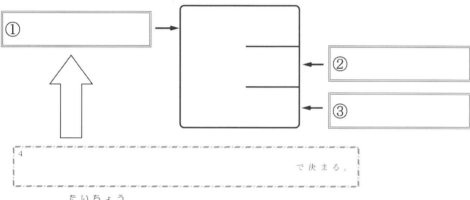

　　　　　　　　　　　　　　　　　　　　で決まる。

📖 隊長の話を聞こう。

指令3　次のことがらが書いてある本を、分類番号のよそうをしてから
　　　　グループでさがせ。

【よそう】　　【じっさい】

☐ クラブ
☐ 日本のれきし
☐ ベートーベン
☐ タンポポ
☐ 日本のむかし話
☐ 工作
☐ 野球
☐ 作文

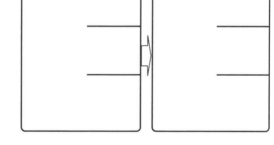

指令4　「指令3」で探した本、中央図書館ではどこ
　　　　にあるかマップに○をつけよ。

指令5　みんなでかくにん!!

9 教育活動に役立つように

資料確保のために３つの方法を

　０から９まで10の分類順に本を書架に並べたとしましょう。図書館案内図（地図）も用意したとします。はたして、それだけでいつでも利用できる図書館になるでしょうか。残念ながらそうはなりません。各学年や学級がそれぞれの授業進行に合わせて、ある主題の図書を借りていって他学年や学級が使えないことがあるからです。図書館に学校司書が常駐していれば館内利用や貸出期間を短縮してもらうなどの措置がとれますが、そうでない場合はどうすればいいでしょうか。また、総合的な学習の時間などでは、課題を解決するために異なる主題の本が何冊も必要になる場合がありますが、それでも分類番号をもとに探させたほうがいいのでしょうか。これらを解決し教育活動にすぐに役立つ学校図書館にするためには、貸出禁止・別置・館内利用の３つのどれかの方法で資料を確保しておくようにします。

1 貸出禁止

　資料を確保しておくために、書架ではなく別の所に置いておき、数日前からその授業が終了するまで一定期間貸出しを止めることです。資料は授業のときにそれぞれの学年や学級に届けます。もちろん授業が終わり資料が必要なくなれば元の書架に戻します。筆者は右のような本を図書館内の図書準備室に保管して貸出禁止にしました。いつどの主題の資料を貸出禁止にしたらいいかは、§7の資料が参考になります。

- ・動物の赤ちゃんの本
- ・自動車の役目がわかる本
- ・加工や料理で姿が変わる食べ物の本
- ・バリアフリーや点字についての本
- ・平和について考えられる本
- ・宮澤賢治の本

2 別置（べっち）

　資料を分類番号順に書架に配架するのではなく、館内の別の一定の場所に専用の書架や机などを置き、そこに資料を置いておくことです。学校図書館では、季節に合う読み物を人形などの小物とともに置く形態の別置がよく見られます。調べ学習用の図書は、課題解決のために分類番号が異なる図書が数冊必要になる場合が多いので、資料となる図書を集めて特設コーナーをつくってそこに展示します。毎年必ずこの課題で調べさせるということであれば、その時期に設定されるコーナーということにもなります。こうすれば探す時間が節約されま

す。ただし、図書館で探すスキルを学ばせたいということであれば貸出禁止にしておいて、その授業の直前に分類番号順に書架に置くようにするといいでしょう。別置のために、やはり§7の資料が参考になります。

　貸出禁止や別置にした図書資料には、元に戻す図書委員たちやボランティアの方々にわかるよう、共通のシール（別置シール）を本の背に貼付しておくことが必要になります。

子どもたちの学習成果も

　分類番号を与えて番号順に書架に並べないで別置したほうが、手に取ってもらえる可能性が高いものがあります。それは、子どもたちが調べてまとめたものなどの学習成果です。調べてまとめていくという学習がたいへん多くなった現在の学校教育ですが、その成果は、本人の許可を得て特設コーナーをつくり、学校図書館の資料にぜひ加えましょう。その子ども自身の自信につながりますし、公開することで学校図書館が学習を通じたコミュニケーションの場となることも期待できます。さらには、来年の同学年の先生方の強力な参考書にもなります。筆者は、「出版コーナー」と称して特設コーナーで展示・公開しました。

3 館内利用

　百科事典や年鑑、辞・事典類など調べるための本を、参考図書（レファレンスブック）といいます。これらには、「館内」や「禁帯出」などのようなシールを本の背に貼り、図書館内か教室での利用に限り、できるだけ早く返してもらうようにします。一度貸すと期日まで必要になった他の人が利用できませんし、このような本を1冊読み通すことはまずありえないからです。できるだけカウンターの近くに専用の書架を用意して配架するといいでしょう。また、郷土資料も同じように扱ったほうがいいと思います。小・中学生用の郷土資料は発行数が少ないので貴重だからです。

> 図書館は成長する有機体である
> A Library is a growing organism.

　ランガナタンの第五法則です。図書館整備に終わりはありません。中期的、長期的な視野で今後図書館がどうなっていくべきかを考え、常にそれに備えていくことが望まれます。

関連ページ

　「§7　年間指導計画を立てる」　　20ページ
　「§17　情報の探し方」　　72ページ
　「§19　学習成果の収集」　　82ページ

読書感想文をどうするか

10 指導の方法

文章のパターンを教えよう

これは、全国学校図書館協議会と毎日新聞社が主催する青少年読書感想文全国コンクールの応募要項にある趣旨です。

- 子どもや若者が本に親しむ機会をつくり、読書の楽しさ、すばらしさを体験させ、読書の習慣化を図る。
- より深く読書し、読書の感動を文章に表現することをとおして、豊かな人間性や考える力を育む。更に、自分の考えを正しい日本語で表現する力を養う。

たとえコンクールがなくとも、この趣旨の実現は司書教諭や学校司書としてめざすべきではないでしょうか。読書感想文を書くことを通して、子どもたち一人ひとりの人間性や考える力を育てていくということを、忘れてはなりません。

読書感想文を書くにあたって子どもたちは、こんな不満をもちがちです。
　①読書が苦手、どんな本を選んでいいかわからない
　②作文が苦手、どう文章を構成していいかわからない

①の不満を取り除くには、日常の読書指導や子どもたちの読書活動の進め方を工夫して読書を好きにさせるしかありません。§12や§13を参考にしてください。ここでは、②を取り除くための指導例を紹介します。

1 文章のパターン例

自由に子どもたちに本を選ばせて書かせる場合には前提条件があります。

> 心の琴線に触れる本について書く

心に何も響かない本、感動をもたらさない本、単におもしろいだけで後に何も残らない本で感想文をつづるのは至難の業であり、まして人間性を伸ばすのは無理に近いでしょう。読書の習慣化に近づけさせるためにも「何冊か読んだけど、この本が一番感動した。心に残った。いろいろ考えさせられた」そう思えた本を選ばせたいものです。

書かせる内容については条件があります。

> 自分の生活や自分自身について考えたことを書く

　自分自身の生き方に読書を生かすことです。それでこそ人間性の具体的な伸長が図れます。では、具体的にどう書かせればいいでしょうか。

> 文章のパターンを教えて書かせる

　「子どもたちの自由な発想で書かせるのが望ましい」との声も聞こえてきそうですが、自由に書かせると、あらすじと簡単な感想を交互につづる〝サンドイッチ型〟ともいうべきものや、あらすじが延々と続き「おもしろかった」や「つまらなかった」といったごく簡単な感想が最後に登場する〝尾括型〟のような作品が多くなります。パターン化すると、何をどんな順序で書けばいいかがわかります。また、書く内容と順番という条件ができ、どんな文章にするかを考えさせやすくなります。

1．基本パターン

A．その本と出会ったきっかけ	どんなきっかけでその本を読むことにしたのか
B．本の内容の簡単な説明	簡単なあらすじでどんな本かを紹介する
C．本の感想 （ここが中心になる）	作者の主張や主題と関連させて考えたことや感じたことを書いていく ・感動したことと理由 ・思ったことや考えたこと ・主人公への意見 ・自分ならどうする ・作者の主張への反論　　　　　　など
D．まとめ	・自分自身の反省 ・これからの生活に生かしたいこと ・これからの目標　　　　　　　　　など

2．「1」の変形パターン

A、B、C、Dの順を変えたり、次のように文の形式を変えたりする ・主人公への手紙という形式にする ・主人公と自分との会話で書く ・主人公などと自分を比べながら書く　　　　　　　　　　　　　　　　　　など

一歩前へ！学校図書館

3．その他のパターン1

A．一番心に強く残ったこと
B．本の感想
C．作者が一番伝えたかったこと
D．結論、自分の考え

4．その他のパターン2

A．結論、自分の考え
B．なぜそう考えたか
C．自分の生活や経験と比べて
D．自分の変わったことやこれからのこと

　3．のパターンを利用して、6年生国語「森へ」（星野道夫）の範読を一度聞かせて書かせた感想文の例です。

　なお、作文が得意な子どもには、任せてしまい自分でどんどん書き進めさせます。大人が思いもしない発想や構成を大いにほめ尊重します。字や文の間違い、読みにくい文の修正程度の指導でとどめておきます。

2 コンクールへの応募

> メモを書かせた上で文章化させる

　コンクールに応募させるなら、何冊も読んでこれと決めた本をさらに数回読ませ、自分の思い、感想、意見を深めさせ、ポイントをメモさせてから書かせる方法を勧めます。全国学校図書館協議会スーパーバイザーの福田孝子先生の実践から学ばせていただいた方法です。筆者は夏休み直前に、物語用とノンフィクション用の2種類のメモ用紙を希望する学年の児童数分、印刷・配布することを続けてきました。また、B4サイズ1枚で2,000字まで書ける実際に書かせるのに最適な原稿用紙が、大阪市の中学校で活躍されていた若林千鶴氏によって開発されており、著書の『読書感想文を楽しもう』（全国学校図書館協議会）に掲載されています。使用許可をいただき、この原稿用紙も同じように配りました。

　『学校図書館』（全国学校図書館協議会）の毎年2月号に掲載される優秀作品を、子どもた

ちや先生方に紹介するのもいい方法です。9月以降、各市区町村の締め切りまでに間がある場合は、校内審査通過作品すべてに司書教諭が目を通し、子どもたちの主張や考えを知っておくといいでしょう。次年度以降の参考になります。場合によっては、文章構成や表現を大幅に崩さない範囲で子どもとともにさらに練り上げていくことも必要となるでしょう。

　読書感想文の取組みは、読書習慣を身に付けさせ、文章表現力を学ばせながら、人間性を育てていく取組みです。読書のたびに書かせるのはやり過ぎですが、コンクールのためだけではなく、実践例のように機会を見つけて400字程度でも書かせたいものです。指導してみればわかりますが、本を読んで得た感動や考えが、よりよく伝わるように文章で表現してあるといった優れた読書感想文を書かせるには、適切な読書案内の下での豊富な読書経験と文章を書く訓練が必要です。つまり、読書指導のあり方、作文指導のあり方への試金石としての役割をも読書感想文の指導は担っているのです。

関連ページ

「§12　読書案内」　　　　44ページ
「§13　ブックトーク」　　54ページ

参考文献

○『21世紀の学力：作文力をつける』樋口裕一著　学研　1998
○『感想文書けちゃった！』水野寿美子著　旺文社　2001
○『読書感想文を楽しもう』若林千鶴著　全国学校図書館協議会　2010
○『初めての読書指導：アイディア25〈小学校編〉』福田孝子著　全国学校図書館協議会　2012

11 活用の方法

読書感想文から光る言葉を集めてみよう

　コンクールに出品する読書感想文だけではなく、子どもたち全員の読書感想文すべてを生かしたい。その試みです。

1 ミニ文集をつくる

　作文を書くということは、全力で言葉の力を出し切るということであり、読書感想文も例外ではありません。むしろ、学校教育の各教科・領域で扱わなければならない言語活動としての論理的な作文より難しいといえます。それでも、いざ書くとなれば子どもたちは一生懸命に取り組んでくれます。

　そんな子どもたちの作品すべてを何とか生かしたい。その方法として、読書感想文を学級内で交換して意見交換をさせるということがあります。簡単ですが、その場限りという欠点があります。そこで考えたのが、ミニ文集づくりです。

　どんな読書感想文にも、書いたその子どもなりの光る言葉があるものです。その言葉を集めた文集をつくりました。題して『読書から紡ぎ出された言葉たち』。子ども一人ひとりの注目すべき言葉を集めて、簡単な製本で、全員の読書感想文を生かし成就感をもたせることができました。

2 製本の方法

　ホッチキスを使った中とじ製本で、あまり時間をかけずに仕上げることができます。

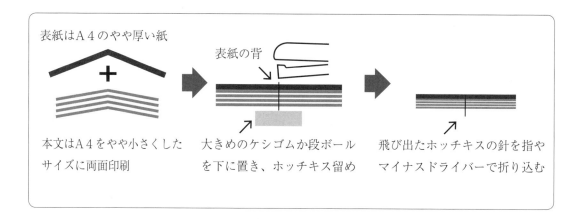

> 実際なくなっても
> 心に残っているかぎり
> 大切なものはなくならない。
> 　　　　　『心の森』

> 何かやり続ければ、
> いつかは
> 生きる道がある。
> 　　　　　『名犬チロリ』

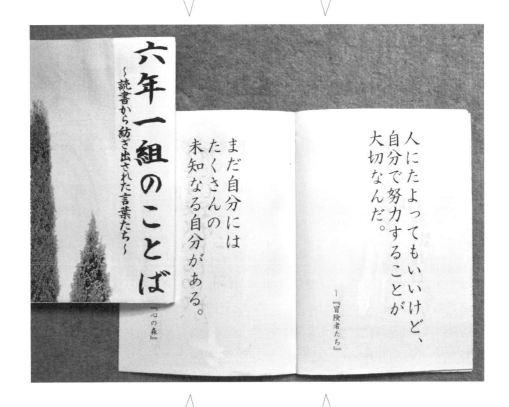

まだ自分には
たくさんの
未知なる自分がある。
『心の森』

人にたよってもいいけど、
自分で努力することが
大切なんだ。
『冒険者たち』

> 私には、
> 世界を変えるようなことはできない。
> しかし、
> 戦争中の人々の苦しみを無駄にせず、
> 戦争の恐ろしさを考え
> 忘れないことならできる。
> 　　　　　『白い町ヒロシマ』

> 自分の長所や短所、
> すべてひっくるめて
> 自分であるのだ。
> 　　　　　『はてしない物語』

『読書から紡ぎ出された言葉たち』

12 読書案内

読書指導で読書好きの子どもを育てよう

　読書を通して人格形成を図っていくのが読書指導の究極の目的です。§1で述べたように「読書で自己変革できる力がつき、さらにそれがよりよき社会を構成する力となる」のです。でも、あまり窮屈に考えることはありません。さまざまな読書活動を実践して、まずは読書好きの子どもを育てることです。

1 読書好きを育てる原則

> 原則1　本が身近にあること
> 原則2　本についての情報があること
> 原則3　本を読む時間があること

　筆者の実践では「原則1」は実現できましたが、「原則2」はなかなか困難でした。「適者に適書を適時に」という読書指導の原理の実現には、いかに指導にあたる者が本を知っているかの部分が大きいからです。学期中に読むのが難しいのなら、長期休みを利用して児童図書をできるだけ多く読んでおくといいでしょう。教科書に紹介されている本は内容をできるだけ知っておくといつでも紹介できますし、毎年4月1日に公表される青少年読書感想文全国コンクールの課題図書も、子どもたちがどう受け止めるかを考えながら読むと、指導のときに役立っていいでしょう。また、長く子どもたちに読み継がれているロングセラーについてもその内容を知っておきたいものです。「原則3」は、それぞれの学校の事情と関係しますので一概に述べることは困難です。筆者は、自学級に対しては国語の時間に学校図書館で読書をさせたほか、「朝読の時間」や「自習時間」「給食を待っている時間」「雨の日の休み時間」などのすきまを積極的に利用しました。また、自習監督で他学級に入る場合は、可能な限り読み聞かせをしました。

　何もしなければ、子どもが本好きになるはずはありません。できることから取り組んでみましょう。

2 学校全体へ

　4月の新学年スタート直前には、教員向けに「学校図書館の概要や利用法」のリーフレッ

トを4ページ構成にして配布。それぞれの学級での図書館利用ガイダンスに活用してもらいました（§末資料、50ページ）。また、4月23日の子ども読書の日には、読書の意義などを説明したリーフレットを全家庭向けに発行もしました。

さらに、全学年対応の「読書カード」の電子データも校内のサーバーに入れ、いつでもプリントアウトできる状態にしておいて活用してもらいました。このカードは、読むごとにページ数の累計を記録できるようにしてあり、1,000ページ、2,000ページなどと読んだ総ページ数が常に明確になる「読書預金」の取組みも容易にできるようにしてあります。筆者の担任した学級では、1,000ページごとに認定状を発行して、読書への興味・関心を高めさせていきました。

教科書で紹介されている本（光村図書出版のものだとおよそ480冊）を、学年ごとに専用のカラーボックスなどに入れて、各学年の廊下などに常置することもしました。なお、市立図書館が市内全小学校に長期貸出中の文学を中心とした本700冊ほどを、約50冊ごとに専用のコンテナに入れて各教室に配置してあるという状態が、筆者が司書教諭として在職した最後の学校には着任前からできていました。したがって、この学校には常時70～100冊ほどの本が子どもたちの身近にあったということになります。

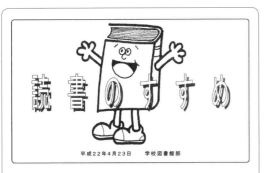

（先生方むけプリント）

読書預金の取組み

　あらかじめ目標ページ（1,000ページ、2,000ページなど）を設定しておいて、読んだ本のページを合計させていきます。目標ページに到達したら認定証などで顕彰します。自分で目標ページを宣言させる方法もあります。ページ数の累積という単純な方法だけに、本の内容に目がいかずにページ数のみを気にする子どももいますので、時々カードをチェックするとか、読んでもらいたい本を推薦するとかのテコ入れも必要でしょう。

『読書カード』への記入方法

No.	分類	本の名前	ページ	借りた日	返す日	印
			その本のページ数			
		一言感想など記入欄	合計＝累積ページ数			
例	933 シ					
		夢が本当のことになってよかった。絵がきれい。				
例	913 サ					
		動物だって戦争を生きぬくのはたいへんだ。				

　※1～2年生は、本の名前のみ書かせ、とにかく本に親しませるといいでしょう。
　※特別支援学級は、できる範囲で書かせてみて下さい。

先生方が子どもの読書傾向を知るにはここを見てください。

　例外もありますが、高学年図書室の本の背には、右のように分類ラベルがついています。それを子どもたちに記入させておくと、一番上の「**分類番号**」と本の名前でどんな本を読んでいるかの傾向が把握できます。

分類番号
著者名か書名の初めの一字
シリーズのNo.

3 読書案内としてのブックリスト

　本に親しませる読書指導の方法としては、読書記録、読書感想文、読書会、読書案内、読書相談、読み聞かせ、ストーリーテリング、ブックトーク、作家紹介などがあります。この§では、読書案内の実践例を紹介し、§13でブックトーク、§14で作家紹介、§15で読書活動が中だるみのとき、それぞれの実践を紹介します。

　読書案内とは「何を読んでいいか迷っている子どもたちのために、ブック・リストを作成したり、新刊書の案内をしたりして動機付けをする方法」(『現代学校図書館事典』ぎょうせい)です。すでに新刊書の案内は、カバーを掲示したり、図書委員による紹介カードを掲示したりして実践されていることが多いのではないでしょうか。それらより一歩進んだのがブックリストです。

> ・学校図書館の蔵書であること
> ・日本文学、外国文学、9類以外の本、絵本などいろいろな種類、ロングセラーや最近の本を取り混ぜて構成
> ・難から易までだれでも読む力に応じて読めるようさまざまなグレードの本を入れる
> ・地元が舞台の本があれば入れる

　このようなことをポイントとして、低・中・高学年の各ブロックごとに40・30・30の合計100冊でブックリストを作成しました。「必読書」としてリスト化する学校もありますが、あくまで読書の動機づけのためと位置づけましたので、強制はしませんでした。次ページの「認定証」も、必ず取得するようには促しませんでした。

　よく保護者から質問されたのが、「3年生なら3年か4年向けの本がいいでしょうか」というグレードについてでした。本人の本の主題への興味・関心に応じて、読解力の実力に応じて読ませるといいでしょう。あまり○年生向きということにこだわらなくてもいいと思います。ブックリストも同じです。このリストを配布したら、数冊どんな内容なのかを、読書に関係する各学年の授業の中でブックトークをまじえて紹介できれば理想的です。学校図書館内にブックリストで紹介した本の特設コーナーをつくったり、書店のPOPのように紹介文を本を読んだ子どもに書いてもらうことも考えられます。

　「地元が舞台の本」。あってもあまり読まれていないのではないでしょうか。自分の町がどう描かれているのかを知ることも重要ですので、あればブックリストに入れるようにします。

　児童図書や絵本を選ぶ際によく言われるのは、「ベストセラーよりロングセラーを選べ」ということです。1960年代から50年以上も読み継がれているという児童図書や絵本の存在は珍しいことではありません。それだけ子どもたちに長く支持されてきたということです。ブックリストに入れて紹介するのは、「原則2　本についての情報があること」を充足させることにもなります。

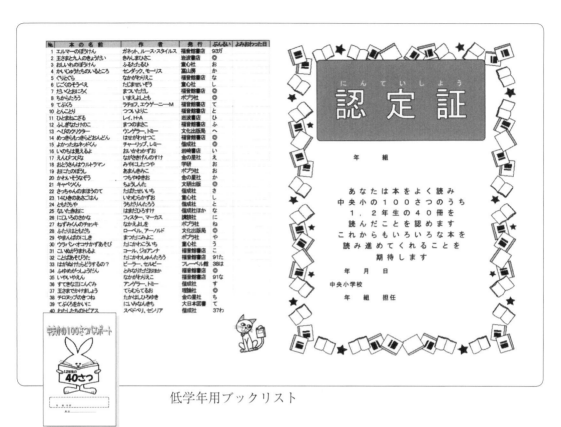

低学年用ブックリスト

中学年用ブックリスト

高学年用ブックリスト

関連ページ

「§10 指導の方法」　38ページ

一歩前へ！学校図書館

1. 図書館概要・相互利用・ぶんこ

　本校の図書館は「低学年図書室」と「高学年図書室」の二つに分かれています。

「低学年図書室」には、絵本や比較的活字の大きい本、動植物や自然などの1～2年生むけの本が置かれています。
「高学年図書室」には、日本文学や外国文学をはじめとしてすべての分類の本や百科事典など本格的に調べるための本が置かれています。
　また、ともに破損した本を入れるところや返却する本を入れるところが用意されています。

　書架にある冊数は両方あわせて、台帳上１１４６８冊（2014年2月調査）。文部科学省が定めた「学校図書館図書標準」によると、約１３０％の達成率。ただし、公共図書館と同じように行方不明本が数％あります。また、9類（文学）が約6割という片寄りは否めません。

　高学年だから低学年図書室の利用はできないということはありません。その逆も。相互にルールを守った上で利用して下さって結構です。

　市立図書館の「人づくり事業」により、全学級にコンテナ入りの本を貸し出しています。本校ではこれを『ぶんこ』と称しています。学級内に常置し、どんどん読ませて下さい。また、国語教科書で紹介されている本も相当数所蔵しています。詳細は「4」で。

　本を扱う上で最も大事なことは、**公共物を扱うマナーを守る**ということです。
　・借り方と返し方はどうするか
　・破損したらどうするか
　・公共図書館へは返さない
繰り返し指導をお願いいたします。

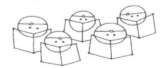

☆**本年度の貸し出しは　４月２１日（月）からです。**

２．高学年図書室の利用

【借り方】
①本を選ぶ。
②「読書カード」に「書名」と「借りた日」と「返す予定の日」を書く
③図書委員に読書カードを渡す。
～図書委員がいないとき～
③右の読書カードファイルに自分で入れる。

【返し方】
～図書委員がいるとき～
①借りた本を図書委員に渡す。
②「読書カード」に㊙スタンプをおしてもらい、返してもらう。
～図書委員がいないとき～
①借りた本を右のブックキャリーに置く。
②読書カードファイルから自分の「読書カード」を出す。
③自分で㊙スタンプをおして、持ち帰る。

読書カードファイル

３．低学年図書室の利用

なるべく担任とともに利用させて下さい。
「読書カード」管理は１～２年生の担任となります。

【借り方】
①本を選ぶ。
②「読書カード」に「書名」と「借りた日」と「返す予定の日」を書く。
③担任の先生に「読書カード」を渡す。

【返し方】
～図書委員がいるとき～
①借りた本を図書委員に渡す。
②「読書カード」に㊙スタンプをおしてもらい、返してもらう。
～図書委員がいないとき～
①借りた本を返す本の置き場に置く。
②「読書カード」に先生から㊙スタンプをおしてもらう。

ブックキャリー

「読書カード」は職員室のサーバーより「校務共有→毎年度共通→読書カード」で読み出せます。全学年とも１枚に１０冊記入でき、３年生以上のカードには、「ひとこと感想」や「ページ数」「積算ページ数」が書けるようになっています。各学年でプリントアウトしてご利用下さい。なお毎年２月、市教委から「読んだ冊数」「読んだ学校図書館の本の冊数」などの調査があります。
※「一太郎」で作成してあります。印刷用原紙ご希望の方は熊谷まで。

共通事項

→**一人一冊一週間**借りられます。
→夏休みや冬休みについては別に定めます。春休みは貸し出ししません。
・図書館の基本中の基本は、「同じ主題の本がいつも同じところにある」です。一度書架から出して元の場所がわからなくなった本や、借りて返す本は、ブックキャリーなどの本を返す所に必ず置かせて下さい。休み時間を十分に確保するなどして本を返す時間を確保してあげて下さい。元の書架へ戻しは、図書委員やボランティアグループが担当します。なお、ここに置いてある本は借りることができます。
・借りていないときは、読書カードを図書室に置きっぱなしにさせないで下さい。
・**破損した本は、こわれた本を受け付ける箱の中へ。ボランティアグループ**が補修します。専用のテープがありますので、絶対にセロテープで補修しないで下さい。
・破損した本や図書室内の本の乱れが目立ちます。繰り返し指導をお願いいたします。授業時間中の利用は、担任が付きそうか、最後に点検をお願いいたします。

4.「ぶんこ」「教科書本」「学級文庫」について

【ぶ ん こ】　市立図書館の「人づくり事業」により借りた本をコンテナ入りにして、各学級へ配置したものです。年度末に市立図書館には返すことはしません。
学級内に常置して下さい。利用法は各学級にお任せします。
管理さえしっかりしていただければ家への貸し出しもOKです。
紛失に気を遣うよりもどんどん読ませることに気を遣って下さい。
ただし、次の点にはご注意を。

> 今年度は4月17日ごろに配置を予定。

　　1．学校図書館や市立図書館へ返却しないこと
　　2．破損した場合は、司書教諭の熊谷まで。絶対にセロテープで補修しないこと。専用のテープで補修します。

●ぶんこのローテーションとチェック

　毎月始めに下記のようにローテーションして下さい。
- 1の1→1の2→2の1→2の2→2の3→1の1
- 3の1→3の2→4の3→4の2→4の1→3の1
- 6の1→6の2→5の1→5の2→6の1
- なかよし学級は3学級内で適宜に

毎月のローテーションの際にチェックカードを用いてチェックしていただいています。ご協力下さい。
※ローテーションの間隔と順番は各ブロックでお決めいただいても結構です。

【教科書本】　国語教科書で紹介されている約480タイトルの本です。本校では本の背に赤の三重丸シールを貼付。他の本と区別しています。この本は図書室の書架には置かず、各学年ごとに専用カラーボックスを用意して管理していただいています。各教室でご利用下さい。返却を確実に行わせるなら家庭への貸出もOKです。

【学級文庫】　図書室から担任が適宜、本をそれぞれの学級に持っていって読書活動に供するものを本校では「学級文庫」と称しています。利用したい方は、司書教諭までご相談下さい。

5. ボランティアグループの活動

本校には二つの図書館ボランティアグループがあり、それぞれ積極的に活動していただいています。

📖 読み聞かせボランティア　　毎週木曜日読書タイムの読み聞かせなど
　　　　　　　　　　　　　　（スケジュールは毎月掲示用プリントでお知らせします。）

📖 図書整理ボランティア　　二つの図書室の本の配架・整理、寄贈本の受け入れなど

　　　→毎週月曜日10：30ごろ～12：00ごろまで
　　　　高学年図書室でミーティングを行います。活動中も
　　　　図書利用は可能ですが、もし支障があるようでしたら、
　　　　前週の金曜日までに司書教諭熊谷までお知らせ下さい。

※高学年図書室内の図書準備室は、本の整理活動、未整理本や整理用品置き場、ボランティア活動の場として利用しています。児童の立ち入りはさせないようにお願いします。

6. 市立図書館の団体利用

　団体登録をすれば、50冊一ヶ月を原則として借りることができます。市立図書館へは、利用予定の2～4週間前までに申し込む必要があります。詳細は市立図書館に三年間在籍していた司書教諭熊谷にお尋ね下さい。

7. 速報　今年度の読書感想文課題図書

すべて購入し、各学級に回して利用してもらう予定です。

【低学年】
　『ミリーのすてきなぼうし』きたむらさとし・作　（BL出版）
　『とっておきの詩』村上しいこ・作　市居みか・絵　（PHP研究所）
　『むねとんとん』さえぐさひろこ・作　松成真理子・絵　（小峰書店）
　『いじわるなないしょオバケ』
　　ティエリー・ロブレヒト・作　フィリップ・ホーセンス・絵　野坂悦子・訳（文溪堂）

【中学年】
　『こぶとりたろう』たかどのほうこ・作　杉浦範茂・絵　（童心社）
　『点子ちゃん』野田道子・作　太田朋・絵　（毎日新聞社）
　『ともだちのしるしだよ』
　　カレン・リン・ウィリアムズ　カードラ・モハメッド・作
　　ダーグ・チャーカ・絵　小林葵・訳　（岩崎書店）
　『やんちゃ子グマがやってきた！ 森からのメッセージ』
　　あんずゆき・文　（フレーベル館）

【高学年】
　『すみ鬼にげた』岩城範枝・作　松村公嗣・絵　（福音館書店）
　『建具職人の千太郎』岩崎京子・作　田代三善・絵　（くもん出版）
　『リキシャ★ガール』
　　ミタリ・パーキンス・作　ジェイミー・ホーガン　絵永瀬比奈・訳（鈴木出版）
　『海は生きている』富山和子・著　（講談社）

発行：○○小学校学校図書館部(22.4.12)

読書指導をどうするか

13 ブックトーク

主題を決め、いくつかの紹介方法で、順番やつなぎ方を考えて

「特定の主題について何冊かの本を選び、個々の図書の内容、著者、主題そのものなどについて話し、読書興味を喚起しようとするもの」(『図書館用語集:改訂版』日本図書館協会)が、ブックトークです。

1 実践上のポイント

- 主題(テーマ)がある
- 主題に合った本を、グレードが複数になるよう数冊選ぶ
- 選んだ数冊の内容を紹介するというだけではなく、いくつかの方法で紹介する
- 次の本の紹介を、「次に」などの接続詞に頼るのではなく、内容に関連をもたせるなどして自然に行う

このようなことが実践上のポイントになります。テーマの決定と選書が重要で時間がかかります。長期休みに準備しておくといいでしょう。また、国語教科書に単元ごとに数冊紹介されていることが多くなったので、それを参考にすると実践しやすいと思います。ブックトーク後には、紹介された本にリクエストが殺到します。すぐに子どもたちが読めるように図書館内にコーナーをつくったり、複本を備えておいたりしておきます。また、取り上げた本のリストをつくって配るといいでしょう。

2 教科書で紹介されている本を交えて

3年生国語『ちいちゃんのかげおくり』(光村図書出版)の学習後に戦争と平和についてさらに考えてもらうために、教科書で紹介されている本を交えてブックトークを行った実践例を紹介します。3年生の学級担任とのTT(ティームティーチング)で行いました。担任の先生には、文中に出てくる手紙の部分を便せんに書き写しておいたものを読むことを担当してもらいましたが、感極まって涙ぐんでしまうという一幕もあり、子どもたちは最後まで真剣に聞いてくれ、紹介した本を手にする子どもが目立ちました。筆者には忘れられない実践です。ブックトークについては専門書も豊富に出版されています。また、『学校図書館』(全国学校図書館協議会)でも特集されることがあります。さらに知りたい方は参照してください。

【3年ブックトーク】

戦争と平和
(※教科書体のところは本と本をつなぐ言葉)

「戦争と平和についての本を紹介します。昔、日本とアメリカは戦争をしていました」

1．『おきなわ　島のこえ』(丸木俊・小峰書店)
- 題名など紹介
- 沖縄がゆったりのんびりした平和の島だったことを知らせる
- 初めの部分読み聞かせ、筆者の三線演奏も交えて
- 絵を紹介、一部の「　　」内のみ読む
- 最終ページの読み聞かせ

「空からはもっとおそろしいものがおそいかかってきました」

2．『まちんと』(松谷みよ子・偕成社)
「『まちんと』とは、ちょっと待ってという意味です」
- 全文読み聞かせ

3．『ひろしまのピカ』(丸木俊・小峰書店)
- 1ページのみ読み聞かせ
- すべての絵を見せる
- 題名など紹介

「空からこうげきしたのはアメリカ軍だけではありませんでした。日本も……」

4．『すみれ島』(今西祐行・偕成社)
- 題名など紹介
- 全文読み聞かせ
- 途中の手紙部分を担任が読む

「戦争では、人ばかりではなく動物だって無事ではありませんでした」

↓

5.『チロヌップのきつね』（たかはしひろゆき・金の星社）

「日本の北のほうのチロヌップという島でのお話です」

　　　・題名などを紹介
　　　・状況の部分のみ絵を見せたり、読み聞かせをする
　　　・オノマトペと絵で紹介

↓

（タイトル紹介を中心に）

6.『おかあさんの紙びな』（長崎源之助・岩崎書店）

　　　・紙びなを折る

「『わたし』はこんな紙のおひなさまを折るのがじょうずになったよ。本物のおひなさまももっていたけどうしてだろう」

↓

7.『彼岸花はきつねのかんざし』（朽木洋・学研）

「戦争ではいつもあたり前にしていたことが急にできなくなってしまいます」

↓

8.『オットー　戦火をくぐったテディベア』（トミー・ウンゲラー・評論社）

　　　・該当ページを見せながら

「町の中で敵の弾がテディベアのぬいぐるみにあたりますが……　不思議な奇跡的なテディベアオットーの一生。外国の戦争のお話です」

↓

「世界が平和になるためには一人ひとりがどうすればいいんだろう。考えてみてください」

9.『せかいのひとびと』（ピーター・スピアー・評論社）

　　　・題名などを紹介
　　　・最初と最後の数ページのみ読み聞かせ
　　　・姿、形、服装、言語が違っていることを伝える絵を見せる

↓

「世界はいろいろちがってあたり前ですね。ではどんな国が一番強い国なのでしょう」

10.『せかいでいちばんつよい国』（デビット・マッキー・光村教育図書）

　　　・題名などを紹介
　　　・戦争に行く前とその後のページのみ読み聞かせ

「ぜひ、これからも戦争と平和について考え続けてください」

『すみれ島』今西祐行・文、松永禎郎・絵（偕成社）

いま、出撃の号令がかかりました。
みなさん、ありがとう。
ゆうべはほんとうにたのしい夜でした。
いつまでもお元気で。サヨーナラ。

（作中の手紙から）

関連ページ

「§10　指導の方法」　　38 ページ

読書指導をどうするか

14 作家紹介

職務の専門性を充実させるためにも詳しく紹介できる作家を

　一人でも詳しく紹介できる作家をもつことは、司書教諭や学校司書の専門性を確実にアップさせることになり、読書案内も充実したものになります。数年計画でそんな作家を、できれば数人もつことを勧めます。

1 子どもたちに作家紹介をするために

　授業と関連させて紹介しようとするなら、その作家の作品が教科書に掲載されていることや、掲載作品以外にもいくつか読んでいることが必要です。さらにその作家を研究した文献が手に入り、作者の考えや理想をまとめ、子どもたちにわかるように説明や紹介ができることが求められます。

2 難解な作品が多い宮澤賢治

　小学校6年生の文学教材として、数十年以上前から国語教科書（光村図書出版）に掲載され続けているのが、宮澤賢治の『やまなし』です。難解です。だからこそ作品を通して深く学べることがあり、文学の学び方や楽しみ方を教えることができるので掲載され続けているのでしょう。しかし、一度読んだだけでは、子どもたちも指導する側も何が何だかわからない。どんなことを指導のポイントとしたらいいかも漠としてつかめない。そんな教室が多いのではないでしょうか。さすがに、教科書会社も解釈を求める指導をするということを内容とした編集方針を改め、『イーハトーヴの夢』（畑山博）という資料教材を付けて、賢治の生き方や考え方の一端を理解させた上で、『やまなし』の幻想的な世界を想像させていく指導内容にしました。だからこそ、指導がより難しくなったとの声も多く聞かれるようになり、平成27（2015）年度からは音読するという指導内容にさらに変わりました。筆者は個人的に以前から興味・関心があり、研究文献も数多く発行されていることから、何とか子どもたちや担任の先生方に賢治の世界観や『やまなし』を理解するヒントを提供したいと思い、授業の中で紹介・説明することにしました。賢治の生き方や考え方などをまったく理解していないと、「なんだかよくわからない」というレベルで終わってしまいます。発展的に『注文の多い料理店』を読んでも、「あぁ、おもしろかった」で終わってしまうでしょう。『やまなし』をまず読み、さらに『イーハトーヴの夢』を読む。そして、再度『やまなし』を読み、その作品世界について考え、それを音読に生かすというのが現在の指導順です。『イーハトーヴの夢』

は、賢治の世界を考えるための資料という位置づけになりますが、その授業直後に「『やまなし』の世界へ」の授業を行いました。

3 国語科授業「『やまなし』の世界へ」

　賢治の表現に比喩や造語、オノマトペが多用されていることや、考え方の基盤に仏教の思想があることが彼の作品を難解にしている原因の大きな部分を占めています。賢治の表現方法や考え・理想を知って考え、『やまなし』の作品世界を味わいやすくしたり音読の参考にしたりする。そして、さらに賢治の作品をもっと読もうという気持ちをもつ。そういったねらいで、作家紹介「『やまなし』の世界へ」と称して、6年生の2学級に1時間ずつ同じ授業を行いました。大型テレビにプレゼンテーションソフトで作成した画像を示すことを主体に、ブックトークも取り入れた授業です。写真はすべて賢治が生まれた花巻市で筆者が撮影したものを使用しました。

　プレゼンテーションは下のように構成しました。次ページ以降にその全体を示します。

　賢治についてはあくまで筆者の考えであり、文学の理解（解釈）には〝幅〟がつきもので、他の人と違った理解でも構わないことも授業の中で伝えました。

　実施学級の担任の先生にはたいへん好評で、この単元の最後に「読書会」をするとより理解が深まり、鑑賞を楽しめるのではと伝えました。

　何を伝えようとしているかを自分なりに考えて音読に生かし、もっと賢治の本を読んでみたいとの思いをもつ子どもも出てきたので、この授業のねらいは達成できたと考えています。

　なお、この単元の授業に入る少し前から別置扱いにしてあった学級人数分以上の冊数がある賢治の本を、単元の授業開始と同時に両学級に配置して平行読書に取り組ませたり、授業後もそのままにしておいて発展的な読書にも取り組ませたりすることができました。

プレゼンテーション「『やまなし』の世界へ」構成

No.2	『やまなし』を読むにあたって
No.3 － 4	読み取りがむずかしい賢治の作品
No.5 － 15	賢治の理想・考え方・生き方
No.16 － 19	「銀河鉄道の夜」を考える 　－『やまなし』の読みのために－
No.20 － 27	『やまなし』に示した考え・理想 　－構成や題、たとえの工夫を考える－
No.28	賢治の理想・考え方・生き方
No.29	『やまなし』を読むにあたって

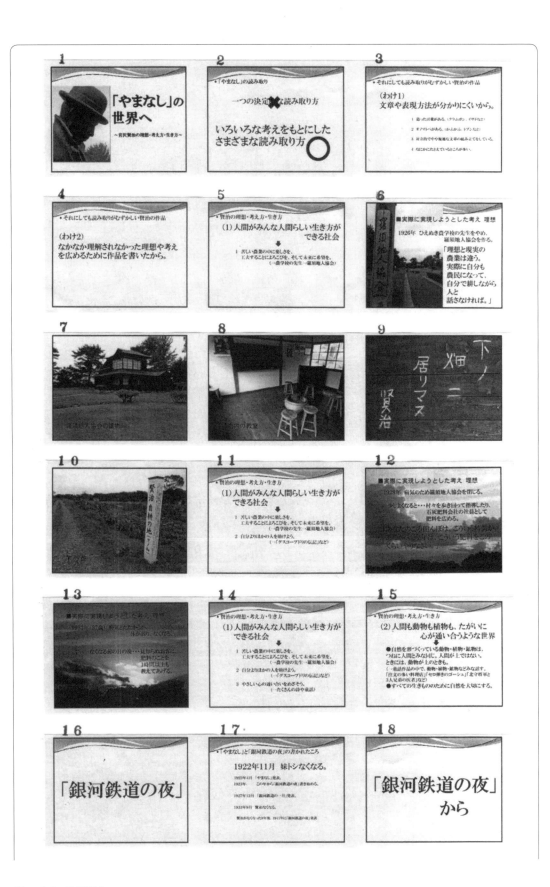

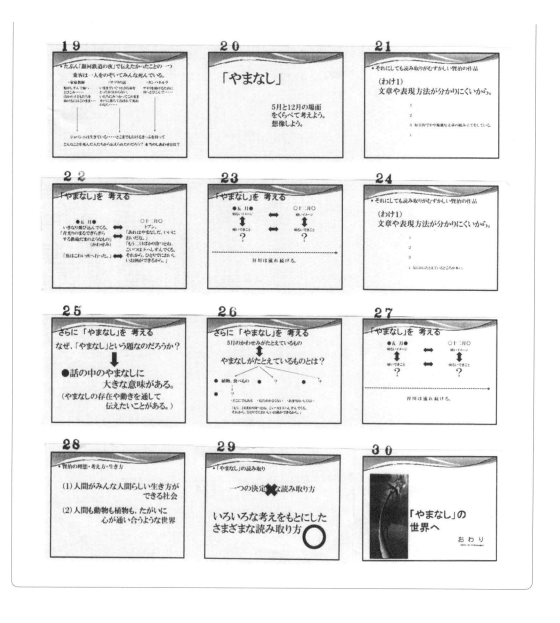

📖 参考文献

○ 『『銀河鉄道の夜』しあわせさがし』千葉一幹著　みすず書房　2005
○ 『宮沢賢治と法華経について：宮沢賢治入門』田口昭典著　でくのぼう出版　2006
○ 『宮沢賢治　銀河鉄道の夜= Night on the Milky Way Train』ロジャー・パルバース著　NHK出版　2012
○ 『宮沢賢治の世界』吉本隆明著　筑摩書房　2012
○ 『宮沢賢治：すべてのさいはひをかけてねがふ』千葉一幹著　ミネルヴァ書房　2014

15 中だるみのときに

読書のよさや、どうすればそのよさを感じ取れるかを話し合い、めあてを立てる

　1学期の初めに読書活動をいろいろ工夫してスタートさせても、2学期になると、読書習慣とまではいかずに惰性で読んでいるといった中だるみのような状態になることがあります。「具体的な目標が明確ではなく、読む動機の維持が難しい」ことが、原因の一つと考えられます。このような状態を変えるために、「読書における問題点に気付き、読書がもつ良さを見直し、これからの自分の読書をどう続けていくかを考えるとともに、めあてを立てて読み進めることができる」ことをめざして、学級活動の時間に3年生の学級担任兼司書教諭の立場で行った授業を紹介します。

1 学級活動授業「読書に親しもう」の流れ

(1) 授業前に行ったアンケートの結果（**資料1**）をまとめたグラフから、読書活動における3年1組の2つの問題点を知る。

(2) 本時の題材「読書に親しもう」を知り、この2つの問題点を解決するために意見や考えを出し合っていくことを知る。

(3) 読書のよさについて話し合う。

(4) どうすればよさを感じ取れる読書活動ができるようになるのかを話し合う。

(5) 自分の読書上の課題に合っためあてを決める。

(6) 自分の取り組むことをお互いに話し合う。（**資料2**）

このような流れで授業を行いました。

第3学年1組　学級活動（2）指導案

平成26年10月23日（木）第5校時
場　　　所　3年1組　教　　室
在籍児童数　男子18名　女子17名
指　導　者　司書教諭　熊谷一之

1．題材 「読書に親しもう」　学級活動（2）　オ　学校図書館の利用

2．題材について

（1）児童の実態

　本学級の児童は、100％読書が好きである。朝読書や自習課題として読書が課されると嬉々として取り組む児童が多い。ただ、読書の質を考えてみると問題がないわけではない。日本の物語を好む児童、軽く読めるシリーズものを好む児童、ゲームやなぞなぞの本を好む児童が多く、必ずしもじっくりと長いお話を全員が読んでいるわけでもない。読書量も、たくさん読んでいる児童とあまり読んでいない児童の2極化が進んでいる。

（2）題材設定の理由

　3年生も後半になると、興味・関心の対象が多様化してくる。本題材を通してそれぞれの興味・関心に読書も対応できることを知らせるとともに、児童たち自身が考えている読書することのよさを見つめ直させることにより、継続的に幅広く読書に取り組もうとしていく意欲と実践する態度を育みたい。

3．評価規準

観点	ア　集団活動や生活への関心・意欲・態度	イ　集団の一員としての思考・判断・実践	ウ　集団活動や生活への知識・理解
評価規準	継続的で幅広い読書をする態度を身に付けるために、自己のよりよい読書のあり方をめざそうとしている。	継続的で幅広い読書をめざして、自己の課題を見いだし、よりよい改善の方法を考えている。 いろいろな意見を聞き、改善方法を考え、自分なりのめあてを立て、実践することができる。	継続的で幅広い読書の大切さや実践方法などがわかる。

4．事前の指導

児童の活動	指導上の留意点	めざす児童の姿と評価方法
・題材を知る。 ・この半年間の読書について振り返らせておく。	・これからも読書を継続したり、問題意識を高めておいたりするために、事前に学習内容を予告する。 ・アンケート調査を実施しておく。	【関心・意欲・態度】 ・読書とより親しむ課題について、真剣に受け止めている。（アンケート調査）

5．本時のねらい

　読書における問題点に気付き、読書がもつよさを見直し、これからの自分の読書をどう続けていくかを考えるとともに、めあてを立てて読み進めることができる。

6．本時の展開

	児童の活動	指導上の留意点	資料と評価	時間
導入（つかむ）	1　アンケート結果をもとに、気が付いたことを発表する。	・よく読む人とあまり読まない人の2極化に近づいているということ、読む本の種類が少ない人が多いということに気付かせる。	・アンケート結果　資料1 ・記入済みの「読書についてのアンケート」カード	5
展開（さぐる・見つける）	2　本時の題材について知る。 　　　　読　書　に　親　し　も　う 3　読書のよさについて話し合う。 4　どうすればよさを感じ取れる読書活動ができるようになるのかを話し合う。	・アンケート結果や児童の発表をふまえ、指導者が題材を提示する。 ・児童たち自身がアンケートですでに考えた読書をすることのよさを発表させたり、意見を交流させたりする。また、新たに気付いたよさも認める。 ・どうしたらいいかという考えを一人ひとりにもたせてから話し合わせ、よさを感じ取れるためには、継続的に幅広い読書をするのがいいことに気付かせる。 ・個人の努力の大切さも認める。 ・数値的な目標も認める。 ・係の活用も認める。 ・時間があれば、あまり読まれないジャンル本の紹介もする。	・記入済みの「読書についてのアンケート」カード ・記入済みの「読書についてのアンケート」カード ・読書カード ・紹介用の本2冊程度	32
終末（きめる）	5　自分の課題に合っためあてを決める。 6　お互いに自分の取り組むことを話し合う。	・めあてを明確にさせ、実践への意欲を高めさせる。 ・発表を聞かせて実践への意欲をもたせる。必要に応じて指導者が励まし、意見を修正して伝えたりする。	・「読書に親しもう」カード 【思考・判断・実践】 ・友だちの意見も参考にしながら、読書について考え、具体的なめあてを立て進んで実践している。（カード・観察） （めあてのまとめ　資料2）	8

7．事後の指導

児童の活動	指導上の留意点	めざす児童の姿と評価方法
・自分の立てためあてや取組みについて振り返る。	・振り返る機会を設定し、実践化に向けて継続した取組みになるよう助言する。	【思考・判断・実践】 ・自分のめあてを意識しながら進んで読書することを実践している。 （カード記録・観察）

資料1　「読書についてのアンケート」から（10月17日）

3年1組・35名の「本を読み続けるとどんなよいことがあると思うか」

1	頭がよくなって成績が上がると思う。文章がうまくなる。
2	作文が上手になって頭がよくなる。
3	考える力がつく。字の読み方や言葉を覚える。作文を書く力もつく。
4	頭がよくなる。作文が上手に書ける。
5	大人になったとき本から学んだことが役立つ。頭がよくなる。想像する力が強くなる。
6	ページがたくさんある本を読めるようになる。
7	頭がよくなる。本を読むのがくせになり、読書が楽しくいつも読むようになる。
8	頭がよくなる。いろいろな漢字が覚えられる。
9	本で知ったことをたずねられたら、すぐに答えられるようになる。
10	感想文や文章を書くこと、本を読むことがさらに好きになれる。
11	頭が良くなって、いい人になれる。
12	（たくさん読みたい。）
13	（書くことが好きなので読みたい。）
14	字がすらすら読めるし、小説みたいな字も読めるし、伝記とかは勉強になる。
15	漢字が覚えられたり、頭がよくなったり、いろいろな言葉がわかるようになる。
16	頭がよくなったり、いろいろといいことが起こると思う。
17	本を書く人になれたり、文章をうまく書くことができると思う。
18	お話を考えたりできそう。やさしいいい心になれそう。
19	頭もよくなって、勉強がいっぱいできる。
20	いろいろな漢字が読めるようになる。
21	感想文が書ける。漢字がいっぱい読める。先生の言うことがよくわかる。
22	勉強になるし、いいことが起こる。
23	物知りになれる。勉強がすきになる。読書がもっと大すきになる。もっと本がほしくなる。集中力が上がる。
24	勉強に役立ったり、頭がよくなったりする。
25	いろんなことが想像できるようになる。
26	もっと本を読むことが多くなって、いろいろな本が読める。読書に親しめる。
27	頭がよくなる。読むのが早くなる。

28	もっと本がすきになる。
29	子どもが生まれたときや本を読み続ける中で役に立つことがあるかも。
30	いろいろなことがわかるようになる。
31	かしこくなったり、どんどん本を読むようになる。
32	頭がよくなって、いんなことを知ることができる。
33	本には勉強になることがたくさん書いてあるから、読み続けると知らないうちにいろいろなことを学習できる。
34	作文が長く書けて、ページが多い本も読めるようになる。
35	主人公のいいところをまねできると思う。作文がうまくなると思う。

（　　）内には、読書への希望が書かれていた。

資料2　「読書に親しもうカード」から（10月23日）

3年1組・34名の「これからの読書・こんなことをめざしたい」

1	自分がすきな本だけではなく、たまには勉強になる本や伝記なども読んでみる。
2	たとえおもしろくなくても読み続けたい。読んだことがない本、とくに伝記や言葉の本など、たくさんの種類を読んでいきたい。
3	100ページ以上の本をたくさん読んでいきたい。伝記などを読みたい。
4	もうちょっとページが多くて、文字も小さくて少しむずかしい本を読むようにしたい。
5	いろいろな本を読む。200ページくらいの本を読む。短い本はなるたけ読まない。1、2、4、9を中心に読んでいきたい。
6	少しむずかしい本やページが多い本も読んでみたい。
7	少しむずかしいものや、自然の本、全国の方言、伝記やノンフィクション、勉強に使える本を読んでみたい。
8	ページ数が100ページ以上がいい。じっくりと最後まで読みたい。813のいろいろな方言や、少しこわい本が楽しそうなので読みたい。
9	ページをとばさないように読みたい。
10	いろいろなシリーズやジャンル、かなしい、楽しい、ふしぎ、しぜん、伝記などさまざまな本を読んで、頭をよくしてみたい。
11	もっと長い本、もっとむずかしい言葉のある本を読んでいきたい。
12	読んだことのない本をたくさん読みたい。国語、算数などの本をたまに。
13	8、3、4番の本を読んでみたい。
14	伝記や勉強になる本、ノンフィクション、神話や日本の歴史などを読む。
15	集中して字をとばさないで読もうと思いました。
16	むずかしい本をできるだけいっぱい読むようにしたいと思う。
17	文字の多い本をたくさん読もうと思う。
18	すごく長い本を読んでみたいと思う。なぜかというと、書いてあることがいろいろあるから学べることもたくさんあると思うからです。
19	ページ数が100ページ以上いっている長い物語の本を読みたい。
20	読んだことがない本、むずかしい本とかにちょうせんしたい。

21	新しいジャンルの本を読んだり、シリーズをかえて読んだりするのがいい。今までに読んだことのない少しむずかしい本を読んでみたらいいと思う。
22	むずかしい本でもがんばって読んだら集中力がもっとアップする。
23	今まで早く読んでいた。だから、ゆっくり楽しく読めるようにしたい。
24	100ページをこえた本をたくさん読んだり、いろいろな本を読んでみたい。
25	100ページ以上の本をいっぱい読む。
26	長くて日本全国のことが書いてある本をたくさん読みたい。おもしろい本やかなしい本も読んで、もっと心を育てたいです。
27	本を読むのをやめずに、しっかりと文字のたくさんある本で、だれも読んだことがない本を読んでみたい。
28	8の番号のある本を読んでみたい。
29	本を読み続けることが大切だと思うので、これからも読み続けたい。すきな本ばかり読んでいたけど、理科の本を読んだことがないので読んでみたい。
30	こわい本や漢字がいっぱいある本、500ページぐらいある本をもっとたくさん読むことをめざす。
31	早く全部で3,000ページをこえて学んで心を育てたい。
32	興味のない本でもどんどん読んでいきたい。
33	130ページぐらいの本をたくさん読む。2や8の本を読んでみようと思う。
34	300ページ以上の本を1さつでも読んでいきたい。日本の歴史の本やシリーズ、伝記の本を読みたい。

注1：資料内の1、2、3などの数字は分類番号
注2：資料1が35名、資料2が34名となっているのは、授業当日に一人欠席したため

2 子どもたち自身が読書のよさを確認

資料1から子どもたちが思っている読書のよさは、次のようにまとめられます。

● 漢字や言葉が覚えられる
● 作文がうまくなる　　　　　　　　　⇒ 頭がよくなる
● 想像力、集中力、考える力がつく
● 主人公に学べる　　　　　　　　　　⇒ 心が育つ

⇒ 読めば読むほど楽しく読めるようになり、本がすきになる。

常日ごろ読書について子どもたちがどう思っているかがわかり、その成長を感じることができたのはうれしいことでした。

関連ページ

「§1　学校図書館教育の効果」　　6ページ

16 調べ学習のプロセス

調べるプロセスや、支援をどこでするかを知ろう

　知識構造を再構成することが「調べること」です。調べることを通してすでにもつ知識を吟味・整理して、そこまでの知識の全体像を改変・修正したり、追加したり削除したりすることです。「問題解決」「課題解決」とも言われます。いわゆる「生きる力」を身に付けさせるために現在の学校教育では教育活動の展開に欠かせないものになっています。

1 調べ学習とは

　「調べること」には「課題」が必要です。3つに分けられます。

1．一人ひとりが比較的自由に決めていい「課題」

　調べる内容の大枠は決まっているが、子どもたちの自由度が許容された課題。

- 課題を解決する中で、次の疑問が生まれ、さらに追究していく本格的な「探究」活動が可能であり、また望まれる。長期間の取組みとなる。総合的な学習の時間、夏休みの自由研究などで設定される。

2．ある程度の自由度や選択性を残したおおまかな「課題」

　調べる内容が初めから決まっている課題。

- 大テーマのもとに小テーマ（課題）を設定して調べさせ、全員で結果を共有し学んでいく。
- 本格的な「探究」活動は無理だが、その入門程度は可能。中期の取組みとなる。
- 各教科の単元展開の中で取り組ませることが多い。国語科「食べ物のひみつを教えます」や社会科「米づくりのさかんな地域」などで設定が可能。

3．自由度や選択性がなく必ず解決しなければならない「課題」

　各教科・領域の授業進行上これだけは子どもたちに調べさせたいという課題。

- いろいろな言葉の意味や、グラフ・写真の読み取りなどが該当する。短期、瞬間的な取組みで、「探究」活動とはいえない。

　このうちの1と2の課題を設定して、子どもたちが主体的に調べてまとめる活動に取り組ませることが、「問題解決学習」「課題解決学習」などと呼ばれるものですが、学校現場では単に「調べ学習」と呼んでいます。なお、社会科では単元全体で解決することを「問題」と呼び、その解決のために、単元の中でいくつかの「課題」に取り組ませるようになっています。

2 ビッグ6スキルズモデル

　問題解決のそれぞれの段階で必要な過程とスキル（技術）を示したモデルが、1990年にアメリカのアイゼンバーグ（M. B. Eisenberg）とベルコヴィッツ（R. Berkowitz）によって発表されました。6つの段階があることから「ビッグ・シックス・スキルズ・モデル」（Big6 Skills Model）と呼ばれていて、以下の段階にまとめられています。

1．課題を明確にする（Task Definition）
　　1．1　解決すべき課題は何かを明確にする
　　1．2　課題解決のためにどのような情報が必要かを知る

2．情報検索の手順を考える（Information Seeking Strategies）
　　2．1　利用可能な情報源の範囲を考える
　　2．2　利用可能な情報源を評価して優先順位を決める

3．情報源の所在を確認し収集する（Location and Access）
　　3．1　情報源の所在を具体的に知る
　　3．2　情報源のなかに必要な情報のありかを見つけ出す

4．情報を利用する（Information Use）
　　4．1　情報源のなかの情報に触れる（例えば読む、聞く、見る）
　　4．2　情報源から適切な情報を取り出す・引き出す

5．情報を統合する（Synthesis）
　　5．1　種々の情報源から取り出した情報をまとめる
　　5．2　まとめた情報を提供する

6．評価する（Evaluation）
　　6．1　成果を判定する
　　6．2　自らの課題解決プロセスを判定する

（日本語訳は『インターネット時代の学校図書館』による）

　このモデルの特徴は、学校図書館の利用教育を情報を利用する技能の教育という広い視野からとらえ直したことや、教科などの学習過程に導入しやすいというところにあります。
　筆者は、指導経験から把握できたポイントや、このモデルを参考にして、調べ学習の各ステップとそのスキルを独自にまとめてみました。71ページの「調べ学習のプロセス」がそれです。

3 どこでどんな支援をするか

では、どんな支援が「調べ学習」において学校図書館に求められているのでしょうか。もちろん、担任が第一義的に指導するわけですが、よりよく目標を達成させるためには右ページのプロセス中★の項目への支援が重要になると考えられます。

---

1. 課題の決定　　　　　　調べることへの動機付け（ブックトークの実施など）
　　　　　　　　　　　　キーワードの決定

2. 解決への見通し＆計画立案　　情報源の知識（蔵書情報の提供など）

3. 情報探索　　　　　　　分類番号の知識と活用、目次と索引、パスファインダーの活用
　　　　　　　　　　　　インターネットの活用

4. 情報収集　　　　　　　情報の収集法（カードへの情報の書き抜きなど）

5. まとめ（解決）　　　　方法の選択と作成
　　　　　　　　　　　　　　（新聞の知識や種々のまとめ方）

6. 発表＆伝達＆評価　　　調べ活動の振り返り

7. 保存　　　　　　　　　学校図書館からの発信（作成物の保存公開など）
　　　　　　　　　　　　交流の場としての活用（作成物の相互利用など）

関連ページ

「§6　年間指導計画を立てる前に」　　18 ページ

参考文献

○平久江祐司「学校図書館利用教育における情報活用能力の育成 − M. B. Eisenbergの情報問題解決アプローチの視点から −」『図書館学会年報』43(4)　p.177-186　日本図書館学会　1997
○『インターネット時代の学校図書館』根本彰監修　堀川照代・中村百合子編著　東京電機大学出版局　2003

調べ学習のプロセス

~スキルなど~

つかむ

1. 課題の設定
- 学習内容の確認（単元）
- 学習指導要領との関係
- 他教科や領域との関係
- ★調べることへの動機付け
- ★キーワードの決定

調べる

2. 解決への見通し＆計画立案
- ★情報源の知識
- 調べる計画の立案

3. 情報探索
- 図書で調べる意義
- どう探索させるか（方向、対象）
- ★分類番号の知識と活用
- ★目次と索引
- ★パスファインダーの活用
- ★インターネットの活用

4. 情報収集
- ★情報の収集法（書き抜き法）

思考・判断・表現
THINKING
↑
思考法と文章構成法
↓
思考・判断・表現
THINKING
↓

5. まとめ（解決）

広げる

6. 発表＆伝達＆評価
- ★方法の選択と作成
  - 模造紙、リーフレット、新聞、文章、ポスターセッション、口頭
- ★調べ活動の振り返り
  - 課題設定から発表までの取組みの反省

7. 保存
- ★学校図書館からの発信
- ★交流の場としての活用

一歩前へ！学校図書館 71

調べ学習の指導をどうするか

17 情報の探し方

分類番号での探し方や、目次と索引について教えよう

　図書資料を探すために分類番号を利用した本の探し方の授業と、探した図書資料から必要な情報を見つけるための「目次と索引」の知識の伝え方を紹介します。さらに、子どもたちが図書資料を探しやすくなる「パスファインダー」について紹介します。

1 分類番号を利用して

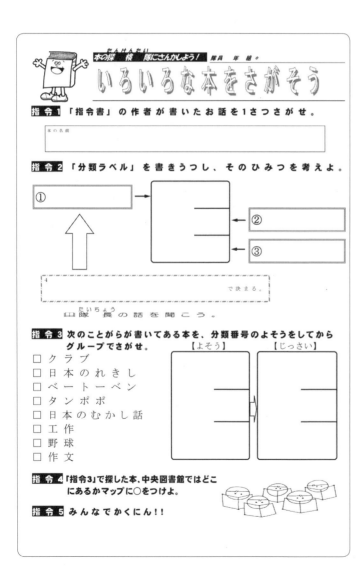

　分類番号を利用した図書館での本の探し方は、司書教諭や学校司書が最も中心となって取り組むべき授業です。授業をどう進めたかを紹介します。なお、3年生でも4年生でも指導は可能です。

　左のワークシートを用いて、1校時を使い、図書館で4年生国語『本をさがそう』（光村図書出版）を指導しました。参加者全員を「本の探検隊」員とし、取り組ませる内容を「指令」と称し、指導する筆者を「隊長」と見立てて行いました。生活班単位での学習を基本とした実践で、4年生の学級に司書教諭としての筆者がT2として入り、担任は導入とまとめ、遅れ気味の子どもの支援を行うT1となるTT（ティームティーチング）の授業形態をとりました。

72　17　情報の探し方

指令（取組み）1

日本のお話のそれぞれ異なる作者名が書いてあるカードを、隊長より各班に1枚ずつ配り、その作者の作品を1冊ずつ書架で探して持ってこさせ、書名をワークシートに書かせる。

指令（取組み）2

本の背に貼ってある分類ラベルをワークシートに書き写させ、全グループともすべて「913」と書くことになることに気付かせる。この「913」が何を意味するかを考えさせてから、①を分類番号、②を図書記号、③を巻冊記号といい、①に2けたか3けたの数字が、②に著者名か書名の最初の1字が、③にシリーズの番号がそれぞれ書いてあることを伝える。特に①の分類番号は、本のデザインなどで決まっているわけではなく、書かれている内容で決まっており、また、書架に置かれる場所も自動的に決まるので「本の住所」の役割もしていることを教える。さらに、「本の住所」の表（子ども向け分類番号表。裏が市立図書館こどもの本マップ）を配り、分類番号とは世の中すべてのことを数字で表す仕組みのことであり、この仕組みを知っていると本を探すことが容易になることを教える。

指令（取組み）3

実践した学級には8班あったので、該当する蔵書がある8つの主題が示されている。隊長が班ごとに一つの主題を指定。まず、「本の住所」の表で分類番号の予想をさせてワークシートに記入させた。その上で、グループで協力して探させる。その際、書架の上にあるサインを参考にするように助言した。探した本の主題が指定されたものと比べて正しいかどうかを隊長が判断した上で、実際の分類番号をワークシートに記入させた。

指令（取組み）4、5

探した本が、市立図書館ではどこにあるかを、「本の住所」裏のマップで分類番号をもとに探させて○を付けさせる。分類番号をもとに本を探すことが有効であることを確認させる。

2 目次と索引

　小学校中学年の子どもたちは、目次の存在は知っていても、索引の存在を知らないことが目立ちます。最近の「調べ学習」用の図書にはまず索引がついています。高学年や中学生になるにつれて、この索引で情報を探し出すことが多くなります。この時期にその存在と使い方を教えておく必要があります。次のような内容を裏表1枚にプリントして配り、実物も交えて説明しました。

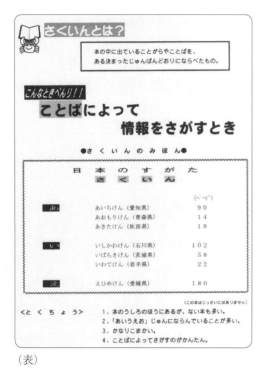
（表）

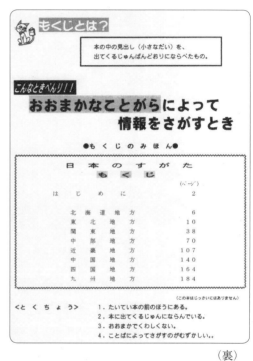
（裏）

3 パスファインダー

　パス（pass）とは「小道」、ファインダー（finder）とは「見つける人」という意味で、「利用者に対して、特定の主題に関する各種情報資源や探索方法を紹介・提供する初歩的なツール（で）1969年に米国マサチューセッツ工科大で考案された」（『図書館情報学用語辞典　第4版』日本図書館情報学会）ものです。日本では大学図書館から導入が始まり、やがて高校や中学校でもつくられるようになりました。公共図書館でも子ども向けのパスファインダーを作成して、ウェブで公開するところが増えてきています。

作成の手順

　　特定の主題、対象とする子どもの決定→資料や情報の収集・整理→編集→配布
　　※見やすく使いやすくするため裏表印刷の1枚もののリーフレットにすることが多い。

作例として次ページに、筆者が4年生社会科「地域の発展につくした人々」の学習のためにつくったパスファインダー「見沼代用水・見沼通船堀」の改訂版を載せました。パスファインダーに必要な内容構成となっていますので、参考にしてください。

内容構成

(1) 扱っている主題の明記
(2) 調べる方法の紹介
　→主題に関して調べることが可能な方法の紹介
　→キーワードの明記
(3) 参考図書(レファレンスブック)の紹介
　→調べることが可能な学校図書館所蔵の百科事典やその他の事典類の紹介
(4) 学校図書館所蔵の図書資料の紹介
(5) 学校図書館所蔵のリーフレットやパンフレットの紹介
(6) 学校図書館所蔵のその他の資料の紹介
(7) インターネットでの調べ方やアドレスの紹介
(8) 博物館など外部機関の紹介と連絡先

　公共図書館の図書資料なども必要に応じて紹介するといいでしょう。また、図書資料の紹介については、分類番号や該当ページの情報も必要です。作例には、難易度の情報も記載されています。

　「(2) 調べる方法の紹介」の存在と、(3)～(8)の項目とその順番から、パスファインダーには、単に情報源を知らせる機能だけでなく、調べる方法も知らせて学ばせる機能があることがわかります。

　なお、作例中の「7　インターネット」に記載されている「サーチルーム」とは、校内で活用できるように作成した調べ学習用のポータルサイトのことです。

関連ページ

「§8　検索手段の確立を」　　　　26ページ
「§9　教育活動に役立つように」　　36ページ
「§23　子どもへ教える」　　　　98ページ
「§24　学校がしなければいけないこと」　　104ページ

参考文献

○『パスファインダーを作ろう』石狩管内高等学校図書館司書業務担当者研究会著　全国学校図書館協議会　2005

パスファインダーについて参考になるウェブサイト

○国立国会図書館公共図書館パスファインダー集=https://rnavi.ndl.go.jp/research_guide/pubpath.php
○川崎市立図書館こどもページ=https://www.library.city.kawasaki.jp/kids/kids_index.html
○帯広市立図書館子ども向けパスファインダー =http://www.lib-obihiro.jp/pathfinderc.html　など

〔確認はすべて2016.7〕

② レファレンスブック○3

キーワード	分類	本 の 名 前	発 行 者	発行年	ページ	冊数
百1	L03か	川口大百科事典	川口大百科事典刊行会	1999		27
百2	L03さ1～5	埼玉大百科事典／第1巻～第5巻	埼玉新聞社	1974		27

★小学生向け
☆やや むずかしい

③ 郷土資料

キーワード「見沼溜井」

記号	分類	本 の 名 前	発 行 者	発行年	ページ	冊数
ため1	☆	L289い	井沢惣兵衛績永―大江戸の繁栄を支えた 見沼代用水生みの親	見沼代用水土地改良区	2005	18	30

キーワード「井沢弥惣兵衛」

記号	分類	本 の 名 前	発 行 者	発行年	ページ	冊数
井沢1	★	L21ま3	まんが埼玉の歴史／3	埼玉新聞社	1996	95	23
井沢2	☆	L289い	井沢惣兵衛績永―大江戸の繁栄を支えた 見沼代用水生みの親	見沼代用水土地改良区	2005	7ほか	30

キーワード「見沼代用水」

記号	分類	本 の 名 前	発 行 者	発行年	ページ	冊数
代1	★	L21ま3	まんが埼玉の歴史／3	埼玉新聞社	1996	95	23
代2	★	L51み	見沼代用水路	見沼土地改良区		1	31
代3	☆	L289い	井沢惣兵衛績永―大江戸の繁栄を支えた 見沼代用水生みの親	見沼代用水土地改良区	2005	28ほか	30

キーワード「見沼通船堀」

記号	分類	本 の 名 前	発 行 者	発行年	ページ	冊数
通1		L21し3	しらべ学習に役立つふるさとの歴史と風土3／関東の歴史と人びとのくらし	あかね書房	1996	77	27
通2	★	L21ま3	まんが埼玉の歴史／3	埼玉新聞社	1996	108	23
通3		L40さ	埼玉の理科ものがたり 改訂版	日本標準	1989	157	21
通4		L21か3	学習まんが川口のがたり／下巻	川口市	1989	89	21
通5	★	L51み	見沼代用水路	見沼土地改良区		7	31
通6	☆	L289い	井沢惣兵衛績永―大江戸の繁栄を支えた 見沼代用水生みの親	見沼代用水土地改良区	2005	40	30

パスファインダー 見沼代用水・見沼通船堀 ―改訂版(2016)―
中央小学校図書館

●調べる方法●

1 キーワードを決める
調べることがはっきりしたら、それをキーワード（調べるための言葉）に置きかえることが必要です。言葉に直せないものは、調べたりさがしたりできません。

見沼溜井	井沢弥惣兵衛
見沼代用水	見沼通船堀

2 参考図書（レファレンスブック）で調べる
百科事典や図鑑、年鑑などの参考図書で、おおよそのことを調べます。川口や埼玉だけの百科事典もあるので、まずこれで調べましょう。

3 図書（郷土資料）で調べる
川口や埼玉のことについて書かれている本のことを郷土資料といいます。この郷土資料コーナーに図書があります。分類番号にL がつきます。子どものための本は少ないので、大人のためのものも調べる必要があります。このパスファインダーには、それぞれの本のページについて書かれているものもあるので、★マークがある子どもむき、☆マークがやや難しいものです。

4 リーフレットで調べる
リーフレットとは、あることがらについて説明した折りたたんだもので、図書館ではバンフレットといいます。図書館では「見沼・見沼通船堀」というボックスにあります。

5 説明板の写真で調べる
見沼代用水や通船堀には、そのそばにいくつかの説明板があります。それぞれのくわしいことが分かります。

6 現地の写真で調べる
見沼代用水や見沼通船堀の写真があります。図書館では「見沼・現地の写真」というボックスにあります。

7 インターネットで調べる
インターネットにはいろいろなホームページがあり信用できるものもあります。子どもでもわかる見沼代用水や見沼通船堀のホームページ集があります。コンピュータルームからアクセスできます。

8 博物館などで調べる
見沼代用水や見沼通船堀について、実物やもけいを展示したり研究している博物館などで調べることもできます。

4年　　組 * 名前

4 リーフレット

見沼代用水だけのものではありません。見沼通船堀のことを中心に説明してあるものがあります。

- 「見沼代用水路と国指定史跡見沼通船堀」（さいたま市教育委員会 2007）
  7ページあり、見沼代用水の工夫・通船堀のしくみ・日本各地の同じような堀を紹介。
- 「国指定史跡見沼通船堀」（さいたま市教育委員会 2006）
  見沼溜井・新田開発、通船堀のしくみ・通船のしかた・運ばれた荷物などについて解説。
- 「見沼と見沼通船堀」（さいたま市立郷土博物館友の会 2006）
  見沼開発、通船堀のしくみ、運んだもの、井沢弥惣兵衛などについて、通船堀の近くに住む人たちが13ページ使って解説。カラー写真や絵図が多い。
- 「見沼通船堀」（さいたま市教育委員会 2008）
  2008年8月の水ぬきの実験のときに配られたもの。通船堀の仕組みについて図みを使って説明してある。

5 説明板の写真

地図の●マークにある説明板の写真があります。

6 現地の写真

地図の↓マークにある写真があります。

すべて2008年の撮影です。

7 インターネット

次のホームページにすぐにアクセスできます。

- 「見沼たんぼって なに？」 http://www.minumatanbo-saitama.jp/minuma/outline.htm （さいたま市）
- 「見沼展示室」 http://omaki-e.saitama-city.ed.jp/minuma/minuma-top.htm （さいたま市立大牧小学校）
- 「見沼代用水西縁のページ」 http://www.ne.jp/asahi/st/saitama/jt/minuma.htm （埼玉県内の小学校の先生）

デスクトップ「サーチルーム」→「埼玉」→下へスクロール

インターネットにある百科事典「ウィキペディア」も利用できます。ただし、大人用です。また、だれが書き込んでいるのか分からないので信用できないこともあります。

デスクトップ「サーチルーム」→「百科事典」

「検索エンジン」のページを開き、キーワードを入力して調べることもできます。ただし、ホームページは作られたものは自由に作れるので信用できないこともあります。

デスクトップ「サーチルーム」→「けんさくエンジン」

すぐにアクセスできる検索エンジン「ヤフーキッズ」など子ども用、大人用「グーグル」など6つ

8 博物館など

見沼通船堀の実物やもけいが置いてある博物館です。北側には見沼代用水西縁が流れています。

「さいたま市立浦和博物館」
埼玉県さいたま市緑区三室〇〇〇〇
電話 048-〇〇〇-〇〇〇〇

通船堀を管理しているのはこちらです。どうしても分からないことがや知りたいことがあったら手紙を書いたり電話をしたりしてみましょう。

さいたま市教育委員会生涯学習部文化財保護課
埼玉県さいたま市浦和区常盤〇-〇-〇
電話 048-〇〇〇-〇〇〇〇

一歩前へ！ 学校図書館 77

18 情報のまとめ方

新聞の特徴を意識して指導し、まとめさせよう

　調べたことのまとめは、報告書（レポート）、模造紙発表など言葉を使ってまとめることが多いのですが、その中でもよく取り組まれているのが「新聞」によるまとめです。子どもたちに比較的取り組ませやすく、学習の成就感をもたせやすいこと、言語活動の一つとして新聞づくりが複数学年の複数教科に指導内容として取り入れられていることなどが大きく影響しているのでしょう。しかし、「新聞」でまとめることは、筆者が初任者のころにはもうすでに行われていて、そればかりか学級新聞も全国でかなり熱心につくられていました。そのころと比べると、どうも新聞の特徴を生かしていない「新聞」が多くなってきたようです。

1 新聞がもつ3つの特徴とは

　新聞の書き方などについては、国語の教科書が最も詳しく、4年生の1学期に「調べたことを整理して書こう」（光村図書出版）という単元があり、学級で新聞をつくることが学習内容になっています。また、5年生の同じく1学期には、「新聞を読もう」という教材があります。

　にもかかわらず、調べたことをB4用紙1枚に書かせただけという指導結果になっていることが最近は多いのではないでしょうか。新聞を読まなくなった先生が若い人を中心に増えてきたことがその原因の一つでしょうが、右ページに示した新聞のもつ3つの特徴をあまり意識しないで指導していることに大きな原因があります。教育的に意味があるこの3つの特徴を生かし切っていないのは、たいへんもったいないと思うと同時に、何とかしなければいけないと考えているのは筆者だけでしょうか。子どもたちの力を伸ばすためにも、司書教諭や学校司書が特徴をふまえて授業で教えたり、その準備で支援したりする必要があると思います。

　現行の教科書では、4年生に書き方、5年生に読み方を教えることになっていますが、各学校の子どもたちの実情や、総合的な学習の時間の内容によって、教える時期や内容を考え直してもいいと考えます。

新聞の特徴

1. 新聞記事はレイアウトされる。

各記事をどこにどれくらいの長さの文章で書くかを考えさせることにより、伝えたいことの重要性を判断する力を育てられる。

※入門期の中学年には、レイアウト例を示すとよい。

2. 新聞記事にはそれぞれ見出しがつく。

「あれっ」「おやっ」「なるほど」といった訴求力のある見出しを工夫させることにより、調べた内容の重要性を把握する力や要約する力が育てられる。

3. 新聞では事実と意見を別に伝える。

別にすることで、それぞれが明確に伝わるような書く力が育てられる。また、「社説」欄で自分の意見や考えを言語化することで、より考えを深化させることができる。

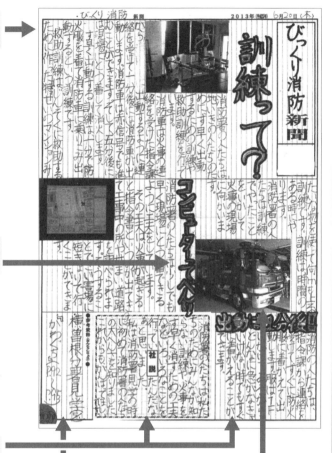

参考にした資料の明確化。

写真 適切な写真を選ぶ力や、写真説明（キャプション）をつければ写真を説明する力が育てられる。

読み手を意識→他者意識の涵養(かんよう)

2 新聞づくりを指導する

5年生に新聞の特徴や書き表し方について、4年生に写真を利用した新聞づくりについてそれぞれの指導実践を紹介します。司書教諭としての筆者がTTのT2として実践したものです。

新聞の特徴や書き表し方について・5年生対象

指導目標：レイアウトの方法を知り、伝えたい順や重要度などを考えて編集できる。

1．新聞を見て本などとの違いを発表させる。

「たくさんの記事がある。記事内容が詳しい。記事が正しい。写真やイラストが多い。見出しが目立つ」などの意見を出させる。

2．記事をどう書くか知らせる。

「〝だいたい一番重要なことがわかる〟〝おやと思わせる〟といったことをポイントとして見出しを付けること。記事の中で一番知らせたい記事を〝トップ記事〟ということ。トップ記事は見出しの次に可能ならリードとして出来事のおおよそを書き、その後に記事の本文を書くということ。どの記事も一番伝えたいことを初めに５Ｗ１Ｈを忘れないで書くということ。数字、名前、場所などは特に正確に書くということ」などを知らせる。

3．レイアウトについて知らせる。

「レイアウトとは、記事の量と紙面上での位置を決めること。トップ記事は題字（新聞名）の隣に書くこと。記事は視線の動きを考えてたて書きなら逆Ｚ形にレイアウトすること」などを知らせる。

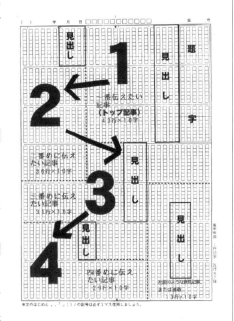

4．社説について知らせる

「記事は原則として事実を書き、感想や意見は〝社説〟の欄に書くこと」などを実際に新聞の社説欄を見せながら知らせる。

5．新聞はなぜなくならないかを考える

「好きなところから何回でも読める。電気がいらない。詳しい。考えることがしやすい。読む人も紙面に参加できる」といったようなメリットを考えさせる。

写真を利用した新聞づくり・４年生対象

指導目標：写真を利用した新聞づくりで大事なことを知ることができる。

1. **一枚の写真を文であらわす。**

　　　　「単写真だけでは受け止め方がいろいろになってしまう」ことを理解させる。

2. **写真とキャプションを組み合わせる。**

　　　　「伝える相手や目的によって写真を選ぶ必要がある」ことを知らせる。

　　　　「写真とともに、それを説明する文（キャプション）があって、伝えたいことが正確に伝わる」ことを理解させる。

3. **学習を振り返る。**

　　　　「意図的に間違ったキャプションを付けると間違った情報が伝わる」ことを確認させる。

　　　　「『いつ』『どこ』はキャプションで説明する」ことを知らせる。

関連ページ

「§19　学習成果の収集」　　　　82ページ

参考文献

○『新聞をつくろう』大沢和子ほか著　さ・え・ら書房　1987
○『みんな新聞記者・学校新聞入門１：新聞づくり入門』大澤和子ほか監修　ポプラ社　1993
○『こうすればできるNIE：新聞でいきいき授業』鈴木伸男著　白順社　2002

新聞づくりについて参考になるウェブサイト

○公益財団法人理想教育財団「新聞入門」ナビ＝ https://www.riso-ef.or.jp/shinbunnavi1.html
　※ハガキサイズとＡ５サイズの新聞用紙を無料提供している。
○㈱キョクトウ・アソシエイツ「しんぶん作成用紙」＝ http://www.kyokuto-note.co.jp/special/newspaper/
○朝日学生新聞社「楽しく学ぼう新聞教室」＝ http://www.asagaku.com/shougaku/tanoshiku_simbun/
〔確認はすべて2016．7〕

資料をつくろう

19 学習成果の収集

子どもたちの学習の成果を収集、保存、公開しよう

　読書感想文という学習の成果作品はどうされていますか。書かせて終わり、審査に出品して終わりではないでしょうか。また、子どもたちが「調べ学習」をして、新聞や報告書などを書いてまとめたとします。その後、そういった学習の成果作品はどうしていますか。学級内で掲示したり、お互いに読み合ったりして、評価が記録されて調べた本人に返すといった流れで処理されてしまっているのではないでしょうか。

1 学校図書館の出番は学習後にもある

　本人に返すのはいいのですが、それが学習の優れた成果であればあるほどもったいないと思います。ぜひ、学校図書館の資料として収集して、自由に見たり読んだりできるようにしておきたいものです。以下のようなメリットがあるからです。

---

1. 収集して学校図書館の資料にする子どもたちへのメリット
- どんな学習に取り組むかがよくわかる。
- 手本となり目標が明確になる。
- その成果作品から新たな知識や対象に対するさまざまな考え方が学べる。

2. 収集して学校図書館の資料にする先生方へのメリット
- 指導内容や目標がより明確になる。
- 自学級以外の子どもたちのさまざまな考え方がわかる。

　年間指導計画を見直すと、いつどの学年がどんな目標の下にどんな学習に取り組んでいるかがわかります。時々、目を通して学習の成果が形になりそうであれば、担任の先生に連絡して見せてもらい、ぜひ保存する成果作品を決めて収集しましょう。司書教諭や学校司書として〝成果づくり〟に関わるなら、指導や支援をしながらある程度収集する作品を決められるのではないでしょうか。もちろん収集する作品が決まったら、それに取り組んだ子どもたちに了解してもらった上で、実物かそのコピーを保存公開することにします。実物を保存公開するなら、コピーや写真を用意して本人に渡すようにします。

2 保存公開の実際

(1) 保存のために

　成果作品が傷まないようにすることが大事です。事務用に使われる紙製のファイルで綴じる方法、それより厚く丈夫なファイルで綴じる方法、§20で紹介するページすべてが透明な袋になっているクリアファイル（フォルダ）に入れる方法、大きめの色画用紙に作者に絵などを書いてもらい二つ折りにして内側に作品を貼ることなども考えられます。大きな文房具店に行けばヒントが見つかります。時間があれば、手づくりで製本することも考えられます。

(2) 公開のために

　他の図書資料と同じように分類番号に合わせて書架に置くよりは、常設のコーナーをつくって置くと、手に取ってもらえることが多いでしょう。また、管理もしやすくなります。筆者は、「出版部コーナー」と称したサインを掲げた常置コーナーをつくって、そこに置きました。

　作品を公開したら、次年度以降その作品と関係する学習に子どもたちが取り組む前に、司書教諭や学校司書が何らかの形で紹介するか、担任の先生に知らせることが必要です。コーナーに置くが作品は多くないということなら、分類番号を与えて分類ラベルを貼るのではなく、別置シールを貼っておくだけでもいいと思います。

(3) 実際に保存公開した成果作品

読書感想文優秀作品集（地区審査出品作品集）

国語3年「食べもののひみつを教えます」（光村図書出版）

　・食材を一つ選び、どんな工夫がされ、どんな食品に姿を変えているかを調べた作品

国語6年「平和を考える」（光村図書出版）

　・教材文を読んで平和について自分の考えを述べた作品

社会4年「地域の発展につくした人々」（市教委編集の副読本を使った地域学習）

　・見沼代用水の開発について調べたことを、写真と文章でまとめた写真絵本作品。
　　この写真絵本『見沼物語1〜6』は、市立図書館の蔵書となりました。

　　　　　　　　　　　　　など

> **関連ページ**
>
> 「§9　教育活動に役立つように」　　　36ページ
> 「§18　情報のまとめ方」　　　　　　78ページ

20 郷土資料をつくろう
～写真ファイル～

比較的資料がつくりやすいが足りない郷土資料

　資料を収集・保存・提供したり、その資料を通して授業へ関わることは、情報センターとしての学校図書館の大きな役割の一つです。しかし、資料で調べさせたいが資料そのものがない、公共図書館でも所蔵していないという場合は、学校、特に学校図書館が中心になって何とかするしかありません。

1 なぜ郷土資料か

　筆者は、長期休業中を利用して郷土学習用の資料づくりを多く実践してきました。いや、実践せざるをえませんでした。それには理由があります。

> ・社会科の命は資料であるが、子ども用の郷土学習用の本などは発行されていないか、タイトルが少ない。
> ・たとえ発行されていても、文章が学習対象である小学校中学年向けではない場合がある。
> ・成人用の資料では、小学校中学年では理解不能に近い。
> ・資料内容が授業のねらいにあっていない。

　これらを解決した資料が身近にあれば、多くのクラス（場合によっては多くの学校）の調べ学習を支えることができるからです。IT環境がここ10年ほどで大きく改善し、静止画や動画といった、映像を利用したビジュアルな資料が作成しやすくなったとともに、大型デジタルテレビの教室配置でわかりやすく情報を伝えやすくなったことが資料づくりを後押ししてくれます。また、郷土資料なら現場取材が可能であるということ、作成物が学校図書館の資料になるということ、子どもたちや先生方の反応がすぐわかり、よりよいものをつくりやすいといったことも実践に取り組んだ理由です。校内の社会科担当の先生と連絡をとり、協力してもらえるなら連携して取り組むことができます。

2 「写真ファイル」をつくる

　小学校4年生の社会科学習では「まちのよさを生かした人々のくらし」という単元が市教委編集の副読本にあり、ここでは県内のいくつかの町について「それぞれのまちのようすを調べる」「まちのよさを生かすために人々の取組みを調べる」ことを学習内容にしています。

しかし、子ども用の資料がないという声が毎年担任の先生方から上がっていました。その声に応えようと思い、副読本で取り上げられている町の一つである川越市の写真を撮影して「写真ファイル」をつくり活用してもらいました。

なぜここで写真の資料づくりを紹介するかというと、デジタルカメラ時代になってカメラの扱いが容易になり、誰にとっても写真撮影が身近になったからです。また、データを提供・保存しておくと誰でもが使えるようになるとともに、掲示物としての利用など応用が利くようになるからです。さまざまな資料があっても使ってもらわなければ意味がありません。直接授業を担当する担任の先生にとって、資料そのものの準備もそうですが、それを子どもたちに提示する準備も場合によってはかなり負担になります。先生方にとって、提示する方法で一番負担にならないのは黒板に貼ってしまうことです。日本中の子どもたちがタブレットを使って学ぶようにしようという動きが出てきましたが、黒板が軽視されるような動きが出てくることは当分の間ないでしょう。そういう動きがあったとしても、データさえあれば活用は十分に可能です。

では、どんな考えで写真ファイルをつくっていけばいいのでしょうか。現地に行ってとにかくたくさん写真を撮影すればいいという考えでは、資料用としての写真撮影としてはうまくいかない可能性が高くなります。写真ファイルをつくるとしても、それが最終目標ではないからです。あくまで図書資料の存在や利用の目的が授業展開に役立つところにあるように、資料としての写真の存在や利用の目的も授業展開の役に立ち、授業目標達成のためにあるからです。もう、おわかりでしょう。

> 授業目標達成を支援するために写真を用意する

このことが大事です。筆者はそのために次のような手順でファイルをつくりました。

1. 授業目標（単元の目標）の確認
   - 川越の町の特徴を通して町のよさを知る。よさを生かす人々の取組みを知る。
2. 副読本の内容構成の確認（文章・写真）
   - 目標達成の助けとなるためにどう文章が書かれ、写真が選ばれているかを知る。
3. 必要な写真の決定（大まかな写真ファイルの構成）
   - 写真の過不足とファイルの構成を考える。
4. 現地（川越市）での撮影箇所の選定
   - 3で考えた写真はどこで撮影したらいいかを、川越観光協会のウェブサイトなどで調べる。

5．撮影

6．写真ファイルの構成の決定
　　　　・4で必要とされた写真を5の撮影結果と照合し、写真やその大きさといったファイル構成を決める。

7．プリントアウト
　　　　・6で決めたファイル構成通りに写真をプリントアウトする。目次と内容写真案内兼用のプリントも作成する。

8．写真データのDVD化
　　　　・6で決めた写真データをDVDにコピーする。

9．ファイリング
　　　　・丈夫で透明な袋を使用しているファイルを使う。B4サイズ以上を使用する。

提　供

　授業目標を知り、どのような写真ならその目標達成に役立つか、またどの辺りに行けばその撮影ができるかをイメージ化して撮影を行ったので、撮影そのものは半日ほどで終了しました。帰宅後は写真ファイルの構成を最終的に決めることができ、撮影からほどなく4年生の担任の先生方に提供することができました。フィルム時代には考えられなかった早さです。

撮影した写真と写真データDVD

写真ファイル「川越市」目次兼写真案内

3 写真撮影のポイント

デジタルカメラで建物などの静止物を撮影することを前提に5つのポイントを述べます。

(1) よけいなものを入れないで撮影する

自分の心象を表現するようなアート写真は学校では必要ありません。誰が見ても「○○○だ」とわかるように撮影します。教材対象となるものが中心に、あるいは画面全面になるようにし、よけいな物を入れないで撮ります。また季節感が必要とされない撮影対象なら、花を入れないなど季節を感じさせないような画面にし、子どもたちの注意がそれないようにします。

(2) カメラを動かさないようにシャッターを切る

いくらオートフォーカスでも、シャッターを切る瞬間にカメラがぶれるとシャープにピントが合っている画面にはなりません。軽いからといって片手だけでカメラを支えながらシャッターを切ることを止め、両手でしっかりとカメラを支えてシャッターを切ると、カメラのぶれはかなり抑えることができます。その際には、両脇をしめてカメラを構えたり、三脚か撮影現場にある動かないものにカメラを置いたりして撮影するといいでしょう。

(3) 光のあたり具合に注意する

カメラは明暗差に弱い機械です。撮影したい画面に、かなり明るいところや暗いところがある場合は、撮影後すぐモニタで確認して露出補正(光の量を調整すること)をしてもう一度撮影します。暗く写ったところに何が写っているのかわかりやすくするなら「+」の補正をします。明るく写りすぎたところを抑えるなら「-」の補正をします。

(4) できるだけ後で補正しないように撮影する

ここまでのことは、後である程度補正・修整ができます。しかし、できるだけ時間をかけずに提供するためにも、撮影直後にモニタで必ず確認し、意図に近い撮影ができていない場合は撮り直すようにします。フィルムと違いお金がかかりませんので気軽にできるはずです。

(5) 著作権について注意する

建物は原則として自由に撮影し発表することができます。しかし、人が住んでいる場合は撮影してほしくない場合もあります。その場合は理由を伝えて了解を得ます。また、特定の人物が大きくはっきりと画面に入らないようにするなど、だれにでもある肖像権を尊重する必要もあります。

　※もっと詳しく知りたい方は、カメラの説明書を見直したり、写真の入門書を参照したりしてください。

21 郷土資料をつくろう
~コンピュータの利用~

リテラシーを育てられるコンピュータ利用の資料

　郷土資料のコンピュータ化について紹介します。子どもたちのコンピュータ・リテラシーを育てるためにも有効です。ただし、簡単になったとはいえ多少技術が必要となるので、自信がないけど取り組みたいと思われる方は、IT関係に詳しい先生や校内でITを担当する情報教育部などの応援を求めるといいでしょう。

1 ソフトウェアCDをつくる

　3年生社会科「『昔から大切にされているもの』と人びとのくらし」での実践です。文化財や年中行事を見学した上で学習に取り組めればいいのですが、指導時期と見学時期を合わせるのがなかなか難しく実際はできません。子ども向けの図書資料は存在せず、ウェブ上にあるのは成人向けで中学年には難解です。このようなことや学年末に教えることから、どの学級も副読本にある何枚かの小さな写真を利用しただけの授業をしていた状況でした。とにかく実際の様子をより詳しく知らせなければと考え、比較的子どもにも興味・関心をもちやすく、理解しやすい文化財を8か所ほど選んで取材・撮影。ウェブサイト作成ソフトウェアを使って、トップページで文化財を選び、それぞれの写真をクリックすれば、見て〝たんけん〟できる「文化財たんけん」CDを作成・提供しました。授業はコンピュータルームで個別学習の形態となります。司書教諭としての筆者は、操作方法などを支援しました。一人ひとりの興味・関心に応じて〝たんけん〟できるので、子どもたちにはもちろん、担任の先生方にも好評でした。

トップページで〝たんけん〟したい文化財を選んでクリック

・画面上のポインタをマウスで動かすとモザイクが消える
・選んだ文化財についての説明が読める

・画面をクリックする

2 ポータルサイトをつくる

「ポータル」とは玄関という意味です。郷土学習だけではなく、広く調べ学習の入口として利用できるリンク集を中心としたサイト「サーチルーム」を、ウェブサイト作成ソフトウェアを利用し作成。コンピュータルームのすべてのコンピュータで活用できるようにしました。コンピュータへのローマ字入力に手間取っている子どもがよく見られたこと、せっかく入力して検索しても、調べていることがなかなか解決せずに「這い回る」状態に置かれてしまう子どもが多いという実態をよく目にしました。そこで、「ローマ字がまだ苦手な3年生や4年生でも操作が簡単になるには」「知りたい情報と確実にアクセスできるようにするには」と思ったのが開発・作成の動機です。クリックだけで検索語（キーワード）に関して原則として複数の情報が入手できるようにしてあります。

特に郷土学習と関係が深い項目には、キーワードを発見しやすくして情報へのアクセスを容易にしました。また、ウェブサイトへのリンクは、索引意識をもってもらうため50音順としました。年間計画を常時チェックし、「サーチルーム」上の情報が役立ちそうになったら、該当学年の先生方に知らせることもしました。

リンク集は完成した瞬間に古くなります。長期休みに閉鎖されたウェブサイトへのリンクを解除して、代わりになるようなウェブサイトを探してのリンク貼りなどメンテナンスを行っています。これから開発するにあたっては、各教科書の指導書にウェブサイトのアドレスがかなり掲載されるようになってきたので、それらをチェックすることから始めるといいと思います。また、小規模なリンク集なら比較的容易に開発・作成ができます。

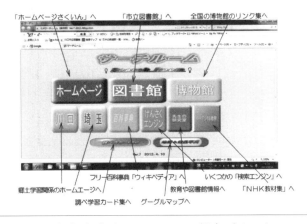

転任者向けサーチルーム紹介プリント

一歩前へ！学校図書館 89

22 現状とできること

団体貸出の要請だけが連携ではない

　2015年現在、日本のすべての都道府県に都道府県立図書館が、99％の市区に市区立図書館があります。町村にもその55％に町村立図書館があり、すべて合わせると約3,200館となります[1]。これらの図書館は、それぞれの地域のために、文化・学術・芸術などのために、そして民主主義のために存在し活動しています。

　そんな重要な役割をしている公共図書館ですが、学校教育界においては意外と知られていません。「学校図書館の機能を高めるためにも、情報資源の共有化など、連携の一層の強化が重要である。そのためには、まず、学校図書館担当者が公共図書館をはじめとする各種の図書館や、公民館、博物館、そして家庭や地域などを詳しく知り、理解することが欠かせない」と、専修大学の野口武悟教授も『学校図書館』（全国学校図書館協議会）2015年9月号で述べています。公共図書館の司書として3年間業務に就いていた筆者も同感です。

　筆者は、学校図書館関係者だけではなく、学校教育関係者全員がある程度は公共図書館について知っておくべきだと思います。教科書に公共図書館についての記述があるからというほかに、残念ながら公共図書館を学校の下部機関のように誤解している教員がいないとも限らないからです。また、学校図書館法にも公共図書館と緊密に連絡・協力することが運営内容としてあげられています（学校図書館法第四条五項）が、実際は団体貸出を要請すれば連携として事足りると思っている教員もいないともいえません。公共図書館について全教職員が知った上で活用を図っていくべきでしょう。なぜなら、公共図書館や学校図書館の発展・充実につながるからです。

1 公共図書館の現状と学校図書館ができること

　日本の公共図書館は、10万人あたり2館ほどで、ヨーロッパに比べ設置密度は低いといえます（右グラフ）[2]。その原因は、学校図書館という名の図書館が司書教諭や学校司書の配置以前は本格的に活用されていなかったので、公共図書館はそれより規模が大きい図書館、勉強ができる公共施設という程度の理解しかもてなかったこと、学校で計画的に学校図書館や公共図書館について教えてこなかったことにあると考えられます。さらには、公共図書館側がその機能や役割について積極的に広く発信してこなかったということも一因といえるでしょう。現在、公共図書館は資料購入費が減らされたり、いわゆるアウトソーシング化が進んだり、司書職制が確立できていなかったりして厳しい状況にあります。そんな中にある公共図書館に少しでも協力するために学校図書館ができることは、公共図書館の機能や役割に

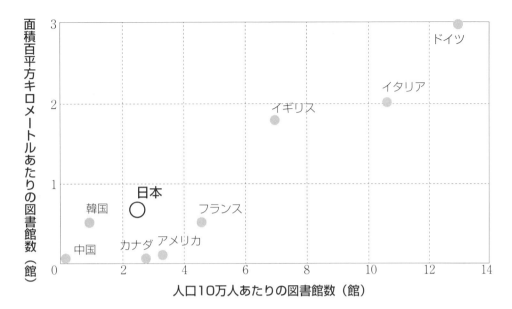

ついて教員へも子どもたちへも知らせた上で、上手に数多く利用することではないでしょうか。それが真の連携につながると思います。

2 まず司書教諭や学校司書が知っておきたいこと

　公共図書館は地域社会全体のために、学校図書館は教育課程の展開のためにとその目的が違います。学校図書館は公共図書館を利用させていただくというスタンスを忘れてはいけません。その上で、次のようなことを司書教諭や学校司書は知っておくといいでしょう。

- 地元の公共図書館の概要
- 蔵書の状況（特に郷土資料）
- こども用図書の配置（マップ類があれば入手。印刷して配布することの可否）
- 子どもたちの利用状況
- 利用法ときまり（特に団体貸出の手続きやきまり、子どもが利用登録をするにはどうしたらいいかなど）
- 来校してもらっての授業や公共図書館へうかがっての指導や授業実施の可否と内容
- 学校や学校図書館への希望（連絡会のようなものがあれば必ず出席する）

　公共図書館によって学校図書館に対してできることはさまざまです。どこまで応えてもらえるのかを公共図書館に確認するとともに、どこまで学校図書館ができるのかも伝えます。公共図書館司書の方に来校していただいて、お話をいただければそれに越したことはありません。

3 先生たちに公共図書館について知らせる

　筆者は公共図書館勤務の経験を生かして、図書館司書の立場から以下の表の章立てで「先生のための図書館入門」を構成・作成し、先生方に読んでもらいました。図書館の幅広い機能や、有川浩さんがベストセラー『図書館戦争』を書かれるきっかけとした「図書館の自由宣言」についてなど以下の10項目にわたり説明しました。同じ図書館なので説明内容が学校図書館にも通用する部分もあります。作成・発行したのが2001年ですので、現状を反映していないところがやや残っています。データを2015年のものに直して一部を掲載します。

```
1　図書館の要素・機能・法則
　　→3つの要素、5つの機能、5つの法則
2　図書館の機能と役割
3　図書館と民主主義
4　図書館になぜ読みたい本がないのか？
　　→本が借りられているということとその対応について
5　図書館で確実に読みたい本を読むには？
　　→予約の機能について
6　図書館で資料をさがすには？
　　→3つの方法と件名について
7　図書館の休館日とは？
　　→図書館における財産管理について
8　図書館だって限界がある
　　→3つの限界について
9　図書館のコピーはなぜ注意が多いのか？
　　→著作権法第31条について
10　図書館と学校
　　→調べ学習の場としての学校図書館に足りないものとその対応策について
```

関連ページ
「§29　広報の方法と内容」　　124ページ

参考文献
○『図書館戦争：図書館戦争シリーズ1』（角川文庫）有川浩著　p.366, 390　角川書店　2011

参考ウェブサイト
1）日本図書館協会「日本の図書館統計　公共図書館集計（2015）」=http://www.jla.or.jp/Portals/0/data/iinkai/　図書館調査事業委員会/2015%20公共集計.pdf〔確認2016. 6〕
2）株式会社シィー・ディー・アイ「諸外国の公共図書館に関する調査報告書」（2005）=http://www.mext.go.jp/a_menu/shougai/tosho/houkoku/06082211.htm〔確認2015.11〕p.4のグラフを一部修正

先生のための図書館入門 1

図書館の3・5・5!?
これが図書館だ

とにかく本が一カ所にたくさん置いてあればそれは図書館だと考える人はさすがにいないと思いますが、では改めて図書館とはどんなところかと問われた時に、どう答えればいいのでしょうか。

おおよそ図書館と呼べばそれているものには、次の「3・5・5」が必ず備わっているものです。したがって図書館とは何かと問われるならば、この「3・5・5」が備わっているところだということができます。では、その「3・5・5」とは何か、順に説明しましょう。

3・・・3つの要素

人　資料　施設 のことです。

この3つの要素から図書館は成り立っています。というよりは絶対に必要です。1つでも欠けた、人（司書や職員）がいない図書館、資料がない図書館、施設（建物や部屋）がない図書館などとは考えられません。

5・・・5つの機能

収集　整理　提供　保存　廃棄 のことです。

この5つの機能を図書館は持っています。毎日の図書館での活動は、大きく分けるとこの5つのどれかに入ります。また、どれか1つでも欠けると図書館での活動に支障がでます。

5・・・5つの法則

インドの図書館学者であるS・R・ランガナタンが1931年に発表した「図書館学の5法則」のことです。

- 第1法則　本は利用するためのものである
- 第2法則　いずれの人にもすべて、その人の本を
- 第3法則　いずれの本にもすべて、その読者を
- 第4法則　読者の時間を節約せよ
- 第5法則　図書館は成長する有機体である

図書館での活動はこの5つの法則のどれかを必ずその根拠にもらしたもので、これら5つの法則は、図書館学の活動原則（原題では Five Laws of Library science）であると同時に、5つの活動原則ともいえるでしょう。

以上のようにみてくると、3つの要素から成り立ち、5つの機能を持ち、5つの法則に従っているところが図書館であると定義することができます。

ところで、「あの図書館は公民館の一部なのに図書館といっているけれど、本当は図書館ではないのかな」などと思ったことはありませんか。たしかに、施設としてとらえれば、その建物の一部なのが"図書室"であるとも考えられなくもありません。しかし、実際そのような施設であっても、一般的な考えでは"図書館"と呼ばれているはずです。また、「3・5・5」があり、ほとんど"図書館"と正式には呼ばれていなくとも、それは、「前」のような狭義の図書館とは協力できるネットワークをもつことは、もはや「館」のような狭義の名前では呼びきれず一つの「組織」のことだと広く理解されているからだと思います。図書館の「館」とは、（機能）だという考え方もあります。（1階の一つのことだとも。）それは、どんなに小さな部屋を利用していても、学校では学校図書館と呼ばれていています。少なくとも「3・5・5」が備わっていれば、そう言われる資格が十分にあるからです。そこで、どんな人たちが、どんな資料を使って、どのような活動を5つの法則の下に行っているかなのです。

先生のための図書館入門 2

図書館の機能と役割

「図書館の人とってもいいなぁ。カウンターでの本の受け付け渡しをしていればいいんだもん。」
そう思われているかもしれない。図書館の活動＝職員の活動が3・5・5」にあった図書館の持つ5つの機能をわかりやすくお伝えしつつ、冒頭の誤解を解く試みをします。

このうちのどれ一つかけても、その図書館は十分な活動ができなくなり、もはや図書館という名に値しないものになってしまいます。

資料の「収集」「整理」「提供」「保存」「廃棄」

「収集」
本や雑誌などの資料を、選択して継続的に集める（購入する）ことです。図書館独自の選択基準によって集めますが、市町村の複数図書館があれば、同じ自治体の中でも資料内容が違うこともありますし、自治体ごとに異なります。有料の資料が大部分ですが、資料内容が微妙に異なることもあり、中央官庁から無料で送られてくる雑誌などもあります。その所属する自治体発行の資料や、これらの収集も図書館の大事な機能の一つです。

「整理」
集めた資料を一定の規則に従って分類整理し「組織化」することです。利用者の閲覧希望に応えるには欠かせません。また、書架のどのジャンルの本を置くかが、また利用状況によってどう変更するかなどを考え実行することも重要です。さらに、毎日行う書架整理は地味でありますが、利用者と本が直接コンタクトする場面でもあり、やはり図書館にとっては大事で欠かせません。

「提供」
利用者が希望する資料を、利用者に閲覧してもらったり、貸し出したり、探したりすることです。「組織化」をした上で「検索」手段を用意し、図書館を利用させておくことが貸し出しには欠かせません。また、図書館員たちがその資料の存在を教えたり、資料を探す方法をお教えしたり、場合によっては情報その関係に関連する情報その他のものについて教えることもあります。これらはレファレンス（参考業務）と呼ばれています。

なお、利用者が希望する資料が自館にない場合、他の図書館（市内他館、県内他館、国立国会図書館など）と資料を貸し借りすることが日常的に行われています。つまり、近くの図書館や県立図書館、その他の県内市町村内の同一県内の図書館の受付窓口ともなっている機能をもつものなのです。

「保存」
一定期間、収集した資料をとっておくことです。利用者に公開している書架の資料は、すぐにこの状態になっているというわけではありません。図書館をたちをしめらせている第二は、保存に値するとも各資料が判明した時に通常"書庫"と呼ばれる公開しない閉架書架があって、保存に値するとも状態をくずさずに保存されており、利用を、できるだけ分類整理された状態を保ちながら管理するというところでしょう。

「廃棄」
年数や利用度により、その図書館の蔵書構成から籍を抜く（除籍）処分することです。最近は、本のリサイクルとして利用者が自由にもらえるようにしている図書館が多くなってきました。

一度配架を何年も配架しっぱなしでは、すぐに図書館にとって一杯になってしまいます。また、利用者にとっても魅力のない図書館になってしまいます。廃棄という方法で資料の新陳代謝を図っていくことは魅力ある図書館作りという点からも欠かせません。

以上の5つの機能を保持することが図書館のメインの活動であり、館員の仕事の内容なのです。
これまでカウンターでの本の受け付け渡しは図書館での仕事、機能でいうなら「提供」のほんの一部にすぎないことが理解できると思います。

ところで、図書館にはどのような電話で勉強ができる部屋がありますか？

「そちらの図書館には勉強できる部屋がありますか？」

□ 先生のための図書館入門 3

図書館と民主主義

図書館と民主主義、いったいどんな関係があるのでしょう。実は、図書館は常日頃から民主主義を支えるために活動しているといっても過言ではありません。

民主主義、その中身には様々なものがありますが、特に図書館は「表現の自由」と裏表の関係にある「知る自由」を守るために努力しています。

民主主義とは、城々な意見をお互いに認め合い、話し合い、社会全体を進歩発展させていこうとする立場に他なりません。この前提として、市民一人一人に「表現の自由」と「知る自由」が保証されていることが必要として、例外はありますが、ある種の情報が秘密にされたり公開されたりしないというのであれば、民主主義そのものが成り立たなくなります。

では、こういった民主主義を支えるために図書館がしていることは何か。それは、思想信条の違いを越えて、幅広く資料を収集・保存し、無料で提供するということです。図書館が自己規制して、ある立場で書かれた本ばかりの収集したり、またその逆のことをしたりするならば、「知る自由」を守るためにも不十分ですし、仕方がありません。また、図書館自身の立場での価値判断をしていたとしても結果をお互いに認めなりません。したがって図書館は、ある主義主張について様々な立場で書かれた資料を収集・整理・提供・保存し、その価値の "判断" を利用者に任せる立場をとっているのです。

また図書館は、利用者の心がけが不用意に第三者にのぞかれないというプライバシーを守るニーズを守ることにも努力しています。それは、利用者一人ひとりの貸し出し記録を公開して図書館で行わないことにつながります。それは、利用者一人ひとりの貸し出し記録を簡単にもできますが、行いません。市立図書館では返却のためのスキャンという個人力と同時に貸し出し記録を消去しています。これはなぜかというと、現在のコンピュータ技術をもってすれば簡単にもできますが、行いません。市立図書館では返却のためのスキャンという個人力と同時に貸し出し記録を消去しています。これはなぜか、利用者のプライバシーを守るためです。「誰が何を読んだか」という情報は、その個人の思想信条を知るための強力な手がかりとなる個人情報です。それが第三者に知られ

-7-

この場合の勉強とは、中学高校あるいは大学での定期試験のための勉強のことです。図書館の資料を使っての調べものを支援することはあっても、このような勉強のためのコーナーや部屋を持つ図書館は、最近は少ないのではないでしょうか。実はここに現代の図書館の役割をみることができます。

現代の図書館の役割、それをごく短い言葉で表すならば次のようになるでしょう。

生涯学習のための一学習機関（組織）

（注1）生涯学習とは、生涯のため、仕事のため、生活のため、楽しみのためなどの学びすべてをふくみます。

（注2）学習機関として、教育機関とはちがうのは、図書館は学校のような積極的な教育機関ではなく、自主的に学びたい人をサポートする目に徹える教育機関であると考えられるからです。

現代社会とはどんな社会でしょうか。何事も変化が激しく、また、情報化が著しく進んだ社会であることに異存はないでしょう。こういった社会では、学校という教育機関で教えていることだけでは、たとえ教育内容・方法とともに変わったとしても不十分です。実際に社会に出てから学び進んだ人々が学ぶことが必然的に求められるのです。この場の一つとして現代の図書館は存在しているのです。単に必然的に求められる本の置き場、勉強部屋としての存在から、豊富な資料を、それを必要とする人々に広く結びつける場へと図書館の役割は変わってきているのです。そしてここの "結びつける"、そして図書館で働く者の大きな任務になってきているのです。

-6-

一歩前へ！ 学校図書館　95

先生のための図書館入門 4

図書館になぜ読みたい本がないのか？

「今ベストセラーになっているあの本読みたいんだけど、見あたらないなあ」
こんな思いを持たれたことはないですか。ベストセラーや有名なタイトルの本の読みは、多くの方が同じ時期に重なってもち、実際に常時借りられていて、貸出を受けて書架にないという事態がよく起こります。一冊の本が書架に戻ってくることになります。すると、それだけで3か月は書架に置かないといとれるでしょう。たくさんの同じタイトルの本（複本といいます）を所蔵すればいいのではないかと考えられるでしょう。確かに10人の貸し出し希望があったら10冊、20人希望していたら20冊買っておけば解決します。そうは簡単にはいきません。図書館にはあまり認識されていない重要な機能があります。図書館には「保存」という図書館関係者以外にはあまり認識されていない重要な機能があります。利用者の希望をすべて受け入れていたら、すぐに書架や書庫はいっぱいになってしまうのです。それより何よりも、質本を大量に購入する必要が本当にあるかどうかが問題になってくるのです。半永久的に常に10〜20人が同時に待っているあろいる本があれば、それだけ複本を購入してもよいでしょうが、池井戸潤さんの『下町ロケット』があります。2011〜12年にかけて爆発的に貸し出し希望されていた本です。この本への貸し出し希望が600人を超えました。600冊を購入したとしたら、20冊ほどの購入です。貴重な税金を使う図書館としてはそんなことはできません。近い将来、ことどには死蔵されてしまいます。希望購入する蔵書を担当する司書は、社会のトレンドを見ながら、自館のその大半は死蔵されてしまいます。希望購入する蔵書を担当する司書は、社会のトレンドを頭に入れて、利用者の要求に蔵書を決めるにはテ条件にはほとんど不可能で、ここに司書の専門職性の一つがあります。

以上のことは決して一部の図書館のことではない。どこでもどこでもでもと、公共図書館にはおおげさなことではなく、次の「図書館の自由宣言」にある"自由"とは、図書館自身が開示したどんな活動をしようと自由だということではない、「利用者の自由を守る」ということです。したがって、この宣言は利用者の自由を守ることを通して民主主義や学校教育基法の宣言なのです。ですが、図書館ではこの宣言にもとづくような法律ではなく多くの司書がこの理念のもと、日々の活動が行われているのです。

図書館の自由宣言

1. 図書館は資料収集の自由を有する。
2. 図書館は資料提供の自由を有する。
3. 図書館は利用者の秘密を守る。
4. 図書館はすべての検閲に反対する。

図書館の自由が侵されるとき、
われわれは団結して、
あくまで自由を守る。

（1979年改訂 日本図書館協会）

てしまうということは決してよいことではありません。他人の心のぞきを見ることでもあり、立派なプライバシーの侵害になります。場合によっては、行動への侵害にもつながってしまいます。だから図書館では絶対に公開しません。それゆえ上、犯罪捜査上、大きな事件で、利用者の閲覧記録を図書館に求めることが問題になるのです。かつて、オウム真理教事件関連で国会図書館に閲覧記録が残るようになっていました。（当時の国立国会図書館は電子化されておらず、紙媒体の閲覧記録が残るようになっていました）

先生のための図書館入門 8

図書館だって限界がある

利用すればするほど、その機能や働きへの理解が増してくるというのが図書館だと思います。図書館にはそんな要素があることをお話しました。「人」「資料」「施設」の三つです。図書館にはこの三つそれぞれに限界があります。

「人」

残念ながら、日本では司書としての専門性が広く認められていません。教員のような専門職だと認められていないのです。早い話が公共図書館で働く職員のすべてが司書の資格を持っているわけではないのです。（2015年のデータでは公共図書館の専任職員のうち司書有資格者は約50％）数年勤務したら、同じ市役所の別のセクションに異動するという立場の人がたいへん多く、慣れたころにまったく違う職場へ異動というケースが珍しくないのです。他の事務職の人たちと同じでも専門職として扱われていないのです。このことが、日本の公共図書館の大きな問題の一つです。高度情報化社会なのに、他の公共図書館職員としての"司書"が求められていないのに、本や雑誌ばかりか、情報メディアにも強い専門職としての"司書"が求められていないのに、アウトソーシング化も珍しくなくなり、職員全体での経験や知識・共有化しにくいのが現状なのです。また、図書館長は司書資格が不要（2015年は全国の図書館長のうち有資格者は約20％）で、"図書館人"を育てるのがますます難しくなっています。さらに、教員の研修と違い、図書館職員の研修は法律で義務付けられていません。公的な研修はありますが、回数がすくなく、そのレベルもまちまちです。したがって、図書館員は個人の自覚と努力に頼らざるをえないのです。結局、利用者が図書館にさまざまなことを求められることを求めるを受けいないといめ対応があるのです。

「資料」

決定的なことは、出版されていない本は所蔵できないということです。当たり前といえば当たり前のことですが、これは大事なことです。世の中のおよそすべての事柄が必ずしも本や雑誌という形で出版されているとは限りません。また、ごく少数は出版されているという情報主で図書館での入手が困難です。ごくまれに集められている資料の入手を図書館所蔵では100％の保証はないということなのです。また、子どもが読んで分かる郷土資料、特に市町村単位の郷土資料はほとんど存在しません。学校で使う副読本よりくわしく分かりやすく大人向けではなく、そう多くはありません。子ども用と似た視聴覚資料（図書館で子どもが目にする視聴覚資料（貸出用目録）もほとんど作られていないのです。同じ収支状態字になるのは目に見えているので、図書館で作ってもらうことがあります。こういったことへの対応が、図書館では、ごくまれなケースです。

「施設」

施設としての図書館の建物には、その広さに必ず限界があります。どんなにがんばってもある一定の広さの資料しか置けません。したがっていくら利用されなくなった資料は廃棄してしまうか、書庫に移すなどするしかなくなります。いつまでも自館に置いておくと、年間6万冊発行される新しい本などは1冊も置けなくなるでしょう。ただ、いくら利用されなくても、いくらさがっても図書館として所蔵すべき資料は存在しますし、それに当たると司書が判断した資料は置くようにしています。

限界を少しでもなんとかするために……

◎利用者は？　図書館を徹底的に利用してください。そのうえでその図書館に足りないことがもっと見えてきます。その声を集めてぜひ行政に希望を出してください。もっと手軽にできること。それは、一冊でも多く借り、また一人でも多く利用者登録をするということです。行政には数を作った市民の声には強いのです。

◎図書館は？　市民のみなさんの要求にできるだけ応えることが必要です。そのうえでの限界ならば改善の道が開けるのではないでしょうか。

23 子どもへ教える

公共図書館を利用する力を高めさせ、よき利用者を育てよう

　子どもたちへの公共図書館についての小学校での指導実践例と、司書教諭の立場ではありませんが公共図書館での取組みを紹介します。

1 小学校での指導実践例

　小学校中学年の国語科に公共図書館の利用に関わる教材がありますが、かつてはなかったので、3年生の総合的な学習の時間に「市立図書館へ行こう」として、プリントを使い1時間で指導しました。自学級は筆者だけでの指導、他の学級ではT2としての指導です。以下は、右のプリントを利用して指導した内容です。

> **問3「図書館でできること」**
> 　じっくりと本を読むことができたり、学校図書館よりたくさんの本やCD、DVDなどを借りることができたり、お話会に参加できたり、本やインターネットで調べることができたりするといった図書館の機能を、子どもたちのもつ知識をもとにまとめていきました。
>
> **問6「図書館の人たち」**
> 　カウンターにいる人たちの多くは「司書」といわれる人で、専門の知識をもっていて図書と利用する人たちのためにいろいろな仕事をしていること、質問や相談したいことがあったら積極的にしてもいいし、それを待っていることもあること、宿題の答えを教えてはいけないことになっていることなどを、筆者の図書館司書としての経験も交えて伝えました。なお、子どもたちの公共図書館での質問・相談経験はどの学級でも3割ほどでした。
>
> **問7「さがしている本がなかったら」**
> 　司書の人に相談して場所を教えてもらう。同じ主題や求めている情報が出ているであろう本を教えてもらう。また、予約するという方法があり、本が確保できればメールや電話で知らせてくれることなども伝えました。

　公共図書館司書の方の来校が可能なら、直接子どもたちへのお話をお願いするといいでしょう。

市立中央図書館へ行こう

年　組　*　　　　　　　　　

1 中央図書館がどこにあるか知っていますか。
　　はい　　いいえ

2 中央図書館へ一人で、または友だちといったことがありますか。
　　はい　　いいえ

3 中央図書館へ何をしに行きましたか。
　本をかりかえしたり　本を読みに　調べものをしに
　お話会に　勉強しに　その他（　　　）

図書館でできること

4 自分の利用券を持っていますか。
　　はい　　いいえ　　わかりません

利用券は新しい世界へのパスポート

本　　　　ビデオ　　　　本　　　　CD　　　枚
↓　　　　　↓　　　　　↓　　　　　↓
　週間　　　　週間　　　　週間　　　　週間

5 一人でかりられますか。
　　はい　　いいえ　　わかりません

6 カウンターの人たちは、何のためにいるのでしょう。

　図書館の人たちの仕事＝みんなへのサービス
　　　　　　　　　　　　（　　　　　）といいます。

資格を持っていて図書館で働く人たちを

7 さがしている本がなかったらどうしますか。
　なくてもあきらめない（　　　）

8 図書館の人たちへのお願いをどうぞ。
　・こうしてくれるとうれしい。こうなっているといいな。など

をすればさがしてくれるし、とどいたらメールや電話で教えてくれます。

2 公共図書館での実践例

　筆者が図書館司書として勤務していたときに、小学校の依頼で6年生・3学級を対象に、館内で3日間、各2時間を使って行った実践です。担任の先生と相談し、修学旅行で見学する日光の「華厳の滝」を調べることができる本を探して、**資料1**のように「資料リスト」をつくることに取り組んでもらいました。他の利用者の迷惑にならないよう書架とはまったく関係のない講座室を使い、書架へはどのあたりにどんな分類の本があるかを確認してもらうだけにしました。開館前に案内できれば他の利用者のことを考慮しなくてすみますが、そうすると2時間確保することが難しくなるからです。テキスト「図書館の本をさがそう～その3つの方法～」を作成し、これをもとにした話にワークシートへの書き込みや書架見学を交えて教えました。学校図書館での指導にも役立ちそうな「キーワード作り」「図書館の本で調べる」のページを**資料2、3**に示します。なお、**資料3**の中の「本の事典」とは、『どの本で調べるか／小学生版』（全10巻　リブリオ出版　1997）を指します。2006年版まで発行されました。日本にはこのような子ども用2次資料がたいへん少ないのが残念です。

　最後に3学級全員へアンケートに協力してもらいました。その結果、どこにどんな本があるかがわかり本の探し方がわかると、調べることに図書館を利用しよう、司書の人にも相談したり質問したりしようとする意欲が高まるということがわかりました。

　公共図書館という現場で教えることができたので、このような結果になったと考えることもできますが、公共図書館を利用する上での基礎知識の指導、本の分類・整理、調べる資料の充実、学校教育としてのレファレンスのあり方（教員はガイドやヒントに徹して、回答は子ども自身の力で求めさせるといった学校図書館としての指導）を明確にした対応など、学校図書館としてできることに取り組んでいけば、子どもたちの公共図書館を利用する力が高まり、よき利用者として育っていくと考えます。

関連ページ

「§17　情報の探し方」　　72ページ

1. 資料リストを作ろう

スタート
↓
1. 調べることをはっきりさせよう
↓
2. 調べることからキーワードを作ろう
↓
3. 調べる方法いろいろ

　　A　図書館の本で調べる
　　B　インターネットで調べる
　　C　博物館などで調べる
　　D　知っている人や所に聞く

4. 資料リストを作ろう
↓
おしまい

資料1

2. 調べることからキーワードを作ろう

調べることがらを**キーワード**にかえると本がさがしやすくなります。

── キーワードの作り方 ──
① 調べることがらのうち、とくに大事だと思うところを
　　　　　　　　　　　　　短いことばでまとめる
② ①で作ったキーワードの意味を<u>少しひろげて</u>考える
③ ①で作ったキーワードの意味を<u>少しせまくして</u>考える
④ ①で作ったキーワードに<u>かんけいあることば</u>を考える

①のやり方でキーワードを作り、それをもとに情報（じょうほう）をさがしてみます。
↓
・さがしても情報がみつからないときは、②〜④のやり方でキーワードを作り直してもう一度情報をさがしてみます。
・一つのキーワードではなかなかほしい情報が手に入らないこともあると考えて、気楽に作り直してみよう。

文にしないで、ことばにすることがポイント!!

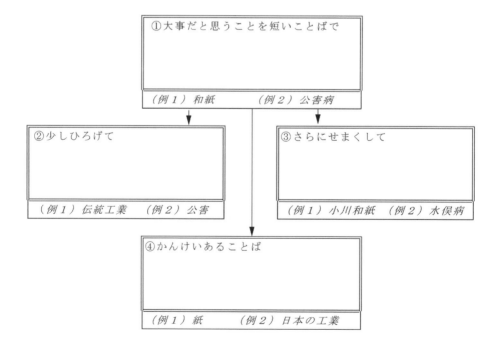

資料2

3. 図書館の本で調べよう

調べることをはっきりさせ、キーワードを作る。
↓
(まず、事典（じてん）などでしらべてみよう)
↓

調　べ　た　い　こ　と	/	どれを使うか
●ことばについて	→	国語辞典（こくごじてん）
●漢字について	→	漢字辞典（かんじじてん）
●人について	→	人物事典（じんぶつじてん）
●さいきんのできごと	→	新聞（しんぶん）
●ものごとの１年間の変わり方やまとめ、統計（とうけい）など	→	年鑑（ねんかん）
●市のことや県のことについて	→	郷土資料（きょうどしりょう）
●どこにあるかやまわりのようす	→	地図（ちず）
●そのほかのことがら	→	百科事典（ひゃっかじてん）

↓
(事典などには出ていなかった・もっとくわしく知りたい)
↓
分類番号（ぶんるいばんごう）について知る
↓
(次のどれかの方法でさがす)

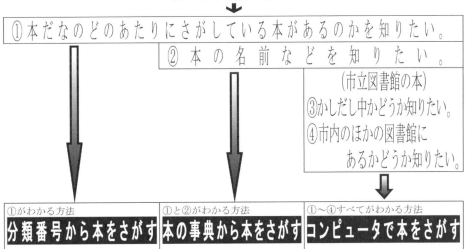

↓
分類番号、図書館のあんない図、本だなのサインを手がかりにして本をさがす
↓
「もくじ」と「さくいん」を使って知りたいことがらをさがす
↓
資料リストを作る

資料3

一歩前へ！学校図書館　103

24 学校がしなければいけないこと

子どもたちの公共図書館での現状へ対策を

1 子どもたちの現状と対策

　学校の宿題の課題を解決するために来館する子どもたちを、公共図書館で司書としてカウンターから見ていたり、質問を受けていたりすると以下のような思いをよくもちました。公共図書館としては、来館してくれた以上何らかの情報を手に入れてもらいたいのですが、「2」や「3」のようだと不可能なことがあります。子どもたちに公共図書館について§23のように知らせると同時に、それぞれ対策をとっておく必要があります。

---

1. 学校でも解決可能な課題をもたせているのではないか。
　→教員が自校の所蔵資料の質や量を知ることが対応策となります。少なくとも、多くの学校が所蔵するようになった小・中学生用百科事典で解決できるような課題なら図書館へ行かせなくとも済みます。

2. 子どもたちの課題がみな同じではないか。
　→おおまかな課題でなく、一人ひとりかグループごとに細かな課題をもたせることで、ある程度特定資料への利用の集中は防げます。公共図書館とはいえ資料数には限りがあるので、子どもたち全員が同じ課題だと全員に資料が渡らない場合があります。そんなときには、コピーさせることが考えられますが、そのためにはどうしたらいいのか、著作権法上制限があることやいくら必要かなどを知らせておくことを忘れないようにします。なお、多くの子どもたちが公共図書館へ調べに行くことが予想される場合には、あらかじめ学校から連絡することを勧めます。公共図書館側で準備する時間ができるからです。

3. 子どもたちがどんな情報を求めたらいいか、必ずしも言えないし伝えられないのではないか。
　→普段来館しない子どもや、グループで来館して何でも友だち任せにしている子どもに多いケースですが、教科の学習以前の問題です。事前に課題を確実に理解させ、覚えさせ、口に出すことができるようにする以外にありません。司書の簡単な質問に答えられないと、それ以上解決のために何もしてあげられないことにもなり、実際歯がゆい思いをしたことも1〜2回ではありませんでした。

4．公共図書館での本を探す方法を知らないのではないか。
　→学校図書館の整備を進め、本を探して情報を得る指導を十分に行うことです。

2 公共図書館利用上の条件

　まず、本を読む、借りる、返す、調べる、カウンターの司書への問い合わせなどすべて自分一人でできるようにすることです。調べるにあたって、資料を探すことは保護者任せで自分は何もしないということでは、いつまでたっても調べる力はつきません。学校図書館で十分に〝練習〟させてあげましょう。

　次に、**公共の場でのマナーの習得は利用させる上での絶対必要条件**です。同じ図書館とはいえ、学校図書館とは雰囲気が異なります。そのため、誰かと一緒に行くと興奮して騒がしくなる子どもたちがいます。他の見知らぬ人たちが多く出入りする公の場（パブリックスペース）でどう過ごしたらいいかを指導するのは、担任の先生方や保護者がまずその任を負うべきですが、司書教諭や学校司書もその立場から教えて育てていきたいものです。

関連ページ
「§17　情報の探し方」　　　72ページ

25 本や辞典を使って

楽しく学校図書館や本に親しませよう

　イベントという形で学校図書館活動を行うと、楽しく学校図書館や本に親しませ、知識を増やしてあげることができます。しかし、企画はともかく、イベントの運営は司書教諭や学校司書だけでは無理なことがあります。その場合は、校内の学校図書館部の先生方や図書委員の子どもたちのパワーを生かして、みんなでつくり上げるようにします。先生方や委員たちの学校図書館への理解も深まり、さらに効果が上がれば強力な学校図書館の味方や応援団にもなってくれます。

1 本を探す

　一番手っ取り早い学校図書館を使ったイベントです。
- ●目　　　的：図書館で指定の本を探すことができるようにする。
- ●学習効果：図書館の主題別図書の配置を知り、サイン類や分類番号を理解する。
- ●対　　　象：3年生以上
- ●場　　　所：学校図書館
- ●用　　　意：主題（NDCの各類名）や、日本文学や外国文学の作者名・国名が書いてあるカード多数。
- ●実施方法：参加者にカードを1枚ずつ配るか裏にして選んでもらう。カード1枚ごとに1冊探し、時間内に何枚のカードの本を探せたかを競う。
- ●主担当と実施時間帯：図書委員会。昼休みなど20分以上ある休み時間に。

2 辞典を引く

　国語辞典や漢字辞典をできるだけ早く引くことを競うイベントです。
- ●目　　　的：国語辞典や漢字辞典を使い、言葉や漢字を調べることができるようにする。
- ●学習効果：辞典の使い方を理解する。
- ●対　　　象：国語辞典・3年生、漢字辞典・4年生
- ●場　　　所：学校図書館または各教室
- ●用　　　意：意味を調べる言葉がいくつか書いてあるプリントや、意味を調べる漢字がいくつか書いてあり、「音訓引き」「部首引き」「画数引き」のどの方法で調べるか指定してあるプリント。参加者数分の辞典。

- ●実施方法：時間内に辞典を使ってプリントへ調べたことを書いていく。その早さを競う。
- ●主担当と実施時間帯：図書委員会が担当するなら昼休みなど20分以上ある休み時間。司書教諭や学校司書が担当するなら、国語科の授業時間に辞典の構成の説明を入れて1校時。

3 クイズに取り組む

図書委員会担当の児童集会でのイベントです。
- ●目　　　的：分類番号について理解できるようにする。
- ●学習効果：分類番号の存在と、主題ごとに異なることを理解する。
- ●対　　　象：主に4年生以上だが、3年生以下の児童も楽しめる。
- ●場　　　所：できれば体育館（校庭でも状況次第で可能）。
- ●用　　　意：(A) 0から9までの番号一つずつを大きく書いた四切画用紙10枚。
  (B) 主題（NDCの各類名）が0から1までに対応する1冊の本の名前とイラストを大きく書いた四切画用紙10枚。
- ●実施方法：司会の図書委員が分類番号の存在とそのしくみについて簡単に説明した後、(B)を持つ図書委員にステージに登場してもらう。(B)に対応する番号の(A)を持つ図書委員を一人ずつ登場させ、そのたびに(B)の図書委員全員の前をゆっくり歩いてもらう。図書委員を除く集会に参加している児童全員で、(B)の番号を持つ図書委員の前を、(A)を持つ図書委員が来たら大きく拍手する。その正誤の判定を司会の図書委員が行う。
- ●主担当と実施時間帯：図書委員会。児童集会の時間。

今、何をイベントとして行うか。あるいは学校行事として行うか。取り組むにあたっては、学校図書館教育という側面から自校で足りないところは何か、あるいは図書館や本に楽しんで親しんでもらうにはどんなことがいいかを考えるところから始めます。

イベントをしよう

26 図書館検定

子ども自身が図書館を利用する自分の力を知るために、指導の参考に

　世の中検定ばやり。ならば学校図書館の検定があってもいいではないか。そう考えて図書委員会の子どもたちと一緒に取り組んだのが「図書館検定」です。

1 検定の内容

　小学校3～4年生の国語教科書では、図書館の仕組みや利用法が登場しています。また、全学年で数多く本も紹介されています。さらには、調べて、まとめて、伝える調べ学習、探究的な学習も指導されています。こういった状況の中では、図書館について、調べるということについての知識や技術が欠かせません。しかし、十分に子どもたちはその知識や技術を身に付けているのでしょうか。そんな疑問を解決して指導に役立てたいということと、受検者となる子どもたち自身が自分の実力を知り、学ぶべきことを明らかにしてほしいということが「図書館検定」の企画理由です。退職直前に1回だけ実施しました。

検定問題の構成

資料1

- 問題No.1～6, 8～9　　　自校の学校図書館の基礎知識
- 問題No.7, 10～12　　　分類番号について
- 問題No.13　　　　　　　校内でよく読まれている物語シリーズの作者について
- 問題No.14～18　　　　市立図書館とその利用について
- 問題No.19　　　　　　　最近読んだ本から
- 問題No.20　　　　　　　本を探す実技

（各5点の100点満点。問題No.19は、漫画や雑誌以外なら何でもよく、自分の言葉で長短問わず感想が書けていればよいとした）

公共図書館の利用も出題したので、5～6年生の希望者を対象としました。15分間の昼休みを2回利用して図書館で行い、2回目に問題№20の実技検定を行っています。図書委員会には、事前に検定問題に取り組んでもらい意見を求めました。また、実施当日には、監督や実技検定のサポート、認定状（**資料2**）への記名などを担当してもらい、問題の採点は筆者をはじめ委員会担当教員が行っています。5～6年生の各学級にはポスター（**資料3**）を掲示、担任には参加を促すように依頼しましたが、学年末近くの昼休みを2回使って受検することからか、対象学年の約20％、32人が参加するにとどまりました。

2 検定の結果・賞品

　結果は平均60点ほどで、最高は90点。80点以上の人には図書館博士の認定証と優秀賞カップを、参加してくれた人全員に図書館マスターの認定証をそれぞれ図書委員長から渡し、栄誉をたたえました。

　得点が全体としていま一つだったのは、図書委員だけのトライアウトでは、妥当性や信頼性のある問題が作成できなかったことと、5～6年生での図書館についての既有知識を十分にふまえた問題ではなかったことが原因と思われます。これらの問題が解決できれば、参加者の熱心さから考えても、この検定の意義や可能性が開けるでしょう。

　ちなみに優秀賞カップ（**資料4**）は図書委員会の手づくりです。カップ麺の空き容器二つの底同士を組み合わせて接着し、さらにアルミホイルを適当な大きさにちぎって接着。リボンを付けてできあがりです。子どもがつくることができて、いろいろなイベントに使えます。

資料4

（かつて『たのしい授業』（仮説社）で紹介されていた実践です。）

図書館検定問題

回答時間 15分　出題：図書委員会 2015/2

1. 右の図書館のキャラクターは何という名前か。
   ブックン　ブーン　ブッチャン

2. 高学年図書室と低学年図書室にはあわせてその本は何さつあるか。
   7000さつ　12000さつ　19000さつ

3. 本を借りていいのは一人何さつで、何週間か。
   一人3さつ1週間　一人1さつ2週間　一人1さつ1週間

4. 図書館に備えられない本はあるか。
   ある　ない

5. 次の本のうち、右のシールがついていて借りられない本はどれか。
   日本の物語　算数や理科の本　辞典や百科事典

6. 図書室には、ある百科事典が3セットある。その百科事典の名前は何か。
   フィンランディア　ポプラディア　ユートピア

7. 本のせなかのラベルには、何が書かれているか。下の□から選んで書きなさい。
   ①（　）②（　）③（　）
   A シリーズの番号　B 本の分類番号
   C 作者か本の名前の最初の一文字

8. 「日本の物語」の本は、どんな順でならんでいるか。
   本の名前のあいうえお順　本を書いた人の名前のあいうえお順

9. 図書室の後ろの柱のところにある大きな絵本のことをなんというか。
   大型絵本　巨大絵本

10. 分類番号は何を表すか。
    本のおねだん　本を作った会社の住所　本の内容

11. 本のせなかに書いてある分類番号の初めの数字は、何番から何番までか。
    下の□から選んで書きなさい。□番から□番まで
    0　1　2　3　4　5　6　7　8　9

12. 次の分類番号の本の内容は何か。線で結び正しなさい。
    813 ・　　・日本の物語
    289 ・　　・環境や公害
    519 ・　　・国語じてんや漢字じてん
    366 ・　　・伝記
    913 ・　　・職業や仕事

（館内）

年　組　番　本名前　M・D

13. 次の日本の物語の作者はだれか。線でむすびなさい。
    「少年探偵団シリーズ」　・　　・江戸川乱歩
    「ズッコケ三人組シリーズ」・　　・原ゆたか
    「王さまシリーズ」　　　 ・　　・尼子騒兵衛
    「忍たま乱太郎シリーズ」 ・　　・寺村輝夫
    「かいけつゾロリシリーズ」・　　・那須正幹

14. 市立図書館は中央図書館のほかは何館あるか。（分室・文庫・移動図書館をのぞく）
    3館　4館　5館　6館　7館　8館

15. 中央図書館と第二図書館とでは、どちらが休みが少ないか。
    中央図書館　第二図書館

16. 月曜日が祝日でなければお休みなのはどちらか。
    中央図書館　第二図書館

17. 県立図書館の本を借りるには、バーコード付きのオレンジ色の「利用カード」が必要だが、そのカードを新しく作ってもらうためには何が必要か。
    学校で使っている名札　国語の教科書　特に何もいらない

18. どの図書室でもいろいろな質問に答えてくれる人がいる。たいていカウンターにいるこの人たちを何と続ぶか。
    先生　専門官　司書

19. マンガ雑誌以外に最近読んだ本の名前と感想を書きなさい。

本の名前	
感想	

20. 図書委員からカードをもらい、その2のカードに書いてある内容の本を1冊、この図書室でさがし、そのカードに書いてあった内容、分類番号、本の名前を下に書きなさい。

内容	
分類番号	
本の名前	

資料2

資料3

イベントをしよう

27 お話バザール

すべての先生、すべての子ども参加で、聞くお話が選べる読み聞かせ

「先生、絶対やめないで」
「来学期もやってください」

こんな声が多くの子どもたちから聞かれたのが、この「お話バザール」です。前後半の2部構成で、前半は担任の読み聞かせ、後半は希望するお話の教室へ子どもたちが移動して聞くというものです。『学校図書館』(全国学校図書館協議会)にかつて紹介されていた実践を参考にして構成しました。

2校で通算10年以上続け、両校とも継続して実施しています。また、筆者が在職した市の学校図書館研究部の研究会で話したところ、取り組む学校が少しずつ出てきたのはうれしいことでした。

イベントのように楽しめますが、国語科での0.5時間を使い、教科の一部として実践してきました。

1 準備とタイムスケジュール

事前の準備は次のように行いました。当日については、**資料1**の実施案をご覧ください。

参加する教員(校内のほぼ全員)が、事前に10分程度で読み聞かせが可能な絵本や話を選んで学校図書館部に申し出る。

だれが何を読むのかがわかるポスターを作成(**資料2**)。参加する教員には、ミニ看板にタイトルを書いてもらい、当日はどこでどの話が楽しめるか子どもたちがわかるように教室の外に掲示してもらう(**資料3**)。

子どもたちは、後半の部でどの話を聞くのか作成されたポスターから選ぶ。担任がその希望を集計して学校図書館部に報告。
(あまりに人数が集中した話については、該当する子どもたちに第2希望に回ってもらう。あるお話を第1希望にするのは学級ごとに3人までのように人数を制限する方法もある)

後半の部でそれぞれの話に、何人聞きに来るかを簡単な表にして全教員へ配布。

それぞれの教員は読む練習をしたり、当日の行動マナーを指導したりする。

子どもたちが後半の部で聞く話を選べるので「バザール」と名付けました。

2 教員へのサポート

　読む絵本は、10分程度で読み聞かせができるものを条件として基本的に各教員の自由としました。ただし、4月に実施する場合は教員に選んでいる余裕がなかなかないので、数十年前から読み聞かせの定番となっているような作品を中心に、50タイトルほど確保して本の内容を短く紹介したブックリストも用意し、そこから選んでもらったこともあります。また、読み聞かせのメリットを中心に伝えた小冊子を作成して事前に読んでもらったこともあります。**資料4、5**はそれを新たに編集したものです。

　普段読み慣れていない教員からの「どんな本がいいですか」の質問には、「先生が読んでこれはいいなぁと思えた本が一番です」と、また、「どんな感じで読んであげれば」という質問には、「登場人物によって声優のように声色を変える必要はありません。心を込めてゆっくりと。ご自身も楽しむといいのでは」とのアドバイスをしました。また、どうしても自分で選べない場合には数冊提示して選んでもらったこともあります。毎回作成したポスターを保存しておくと、立派な読み聞かせブックリストにもなり、取り組んでもらう際の選書の参考になります。

　10年以上、30回近い実践の中で、「もう止めたほうがいいのでは」という意見が出てきたことはありません。取組みを通して、管理職をはじめ、専科、養護などすべての教員が、読み聞かせを経験することでそのよさを肌で感じ取ってくれたとともに、読んでいる自分自身が癒されていることに気づけたからだと思います。「なぜ今までやらなかったのだろう」というある校長のつぶやきや、学校図書館の蔵書では飽きたらず、自ら書店へ出かけ、絵本を自分で選んでくる先生が必ず出てくることがそのことを証明しています。

　文字・活字文化推進機構理事長であり、作家でもある肥田美代子氏も視察され、「すべての先生たちが参加されているのが素晴らしい」との感想をいただきました。

平成26年度第1学期 お話バザール実施要項（案）

平成26年4月9日
学校図書館部

1. ねらい　　全校で絵本の読み聞かせ活動を行うことにより、物語や読書への興味関心を高めさせ言語能力の伸展を図るとともに、今後の児童の読書活動促進の一助とする。また、長く読まれてきたお話に親しませる。

2. 実施日時　4月23日（水）こども読書の日　8：30～9：00ごろ
　　　　　　（出入りの授業はその週の内に調整）

3. タイムテーブル

(8:30)	健康観察・朝の会・教室準備
	教室後部へ机と椅子を移動する。 防災ずきんを児童に持たせ座布団がわりにする。
(8:35)	**1回目の読み聞かせ** ・全学級担任が自分の教室で行う。 ・司書教諭が用意した長く読まれてきた絵本で、 　<u>10分で読み終わるものを読む。</u>（隠しメニューの用意も可） ・全児童、自分の教室で聞く。
(8:45)	移動開始 ・自学級以外ならどこへ行っても可を原則とする。（1年生は別記） ・防災ずきんを持たせる。 ・**全学年全教室8：45までは移動させない。** 　⇒8:45移動指示放送開始（担外担当） 　※右側通行、走らないこと、低学年優先を事前指導し、徹底させる。
(8:50)	**2回目の読み聞かせ**　　　　（希望調査実施） ・全学級担任が来た児童対象に1回目と同じ本で読み聞かせるとともに、校長先生や教頭先生もふくめた担外の先生方（4名）も校長室や会議室などで読み聞かせる。
(9:00)	自分の教室へ移動開始 ・**全学年全教室、9：00までは移動させない。** 　⇒9:00移動指示放送開始（担外担当） 　※右側通行、走らないこと、低学年優先を事前指導し、徹底させる。 ・教室へ移動したら机と椅子、防災ずきんを元のように。
	※担外の先生について 　読み聞かせ参加　⇒　（2人） 　階段などで整理　⇒　（1人）校内移動は事前指導の徹底を 　放送・チャイム一時停止担当　⇒　（1人）
	※授業時数のカウント　⇒　国語0.5時間

4. 注意　（1）「2回目の読み聞かせ」の1年生は次のどちらかで。
　　　　　　　A案：6年生とペアを組み、1年生の希望の所へ6年生が連れて行く。
　　　　　　　B案：1年生の自教室以外で聞く。
　　　　（2）「特別支援学級」の1回目は、児童たちを担任が通常学級（事前に決めておく）に連れて行き、そこで聞かせる。2回目は、自学級に戻り、通常学級の希望する児童たちを受け入れる。
　　　　（3）1号館（西側児童棟）は出入り口を次のように統一。
　　　　　　　黒板側出入り口→出口　　後方出入り口→入り口

5. お願い　（1）4月14日（月）までに学校図書館部でポスターを作ります。
　　　　　　　教室掲示および児童への周知をお願いします。
　　　　　（2）ポスター作りのため、**必ず4月11日（金）までに**読むお話のタイトルを司書教諭までお知らせ下さい。
　　　　　（3）2回目にどこへ行くのか希望調査を実施。偏りが大きい場合は、第2希望を考えておくように各担任が指導する。
　　　　　　　ポスター配布　　　　15日（火）→調査用紙も同時に配布
　　　　　　　各クラスで調査　　　16日（水）～18日（金）→調査用紙提出
　　　　　　　集計発表　　　　　　21日（月）→必要なら第2希望を考えるよう指導
　　　　　（4）ミニ看板を事前に作り、当日掲示して下さい。用紙は用意。

資料1

お話バザール

おはなしの世界を楽しもう！

ばしょ	先生	おはなし
1かい・こうちょうしつ	こうちょう先生	半日村（はんにちむら）
1かい・しょうかいぎしつ	きょうとう先生	むしたちのうんどうかい
1の1	たじま先生	こんもりくん
1の2	きたむら先生	どろぼうがっこう
2の1	さとう先生	おまえうまそうだな
2の2	ぬまた先生	おおかみ がんばれ
2の3	せきもと先生	おばけりんご
3の1	くまがい先生	バルバルさん
3の2	のざき先生	カメレオンはどこ？
4の1	たけうち先生	バムとケロのにちようび
4の2	さいとう先生	泥（どろ）かぶら
4の3	さの先生	じゅげむ
5の1	ささき先生	れいぞうこにマンモス
5の2	つちい先生	給食番長（きゅうしょくばんちょう）
6の1	きたかぜ先生	
6の2	うちだ先生	
なかよし1	よしだ先生	
なかよし2	いしかわ先生	
なかよし3	まるやま先生	
ほけんしつ		
りかしつ		

1かいめは、自分の教〔...〕
2かいめは、ききたい〔...〕

資料2

資料3

書名 あおくんときいろちゃん
作者 レオ・レオーニ・作、藤田圭雄・訳
出版社 至光社　**初版年** 1967　**主対象** 低
レオ・レオーニの初めての絵本です。二人の孫のために書いた作品。具体的な形はまったく出てきませんが、色や形、重なりの変化が面白い。

書名 ¿あつさのせい？
作者 スズキコージ・作
出版社 福音館書店　**初版年** 1994　**主対象** 中
暑いとこんなことが起きるのかなぁ。あまりの暑さでベンチに帽子を忘れた馬のはいどうさん。その帽子がひろわれて…。理屈は不要です。

書名 アニーとおばあちゃん
作者 ミスカ・マイルズ・作、ピーター・パーノール・絵、北面ジョーンズ和子・訳
出版社 あすなろ書房　**初版年** 1993　**主対象** 高
ナバホインディアンの少女アニー。愛する祖母の死が近いことを知る。その祖母との交流やその死を通じて、心の成長を描きます。

書名 あのときすきになったよ
作者 薫くみこ・さく、飯野和好・え
出版社 教育画劇　**初版年** 1998　**主対象** 低
なかなかしゃべらない「しっこ」さん。わたしは、学校でおしっこをもらしてしまいました。そのとき「しっこ」さんは？子どもの残酷さと友情を。

書名 あほろくの川だいこ
作者 岸武雄・ぶん、梶山俊夫・え
出版社 ポプラ社　**初版年** 1974　**主対象** 中
川が増水したときはタイコをたたいて知らせるのがあほろくの役目。嵐の夜のこと。あほろくはタイコをたたきながら水死してしまいますが、…。

書名 雨のにおい星の声
作者 赤座憲久・ぶん、鈴木義治・え
出版社 小峰書店　**初版年** 1987　**主対象** 中
作者は元盲学校の先生。その時の経験をもとに、眼の見えない子どもたちの詩や作文を中心に構成された絵本。子どもたちの感性が光る。

書名 あらしのよるに
作者 木村裕一・作、あべ弘士・絵
出版社 講談社　**初版年** 1994　**主対象** 中
ある嵐の夜、真っ暗な小屋の中でのオオカミとヤギのお話。オオカミのえさはヤギ。でも、顔が見えないせいか仲良しに。シリーズ6巻の第1巻。

書名 おならばんざい
作者 福田岩緒・作・絵
出版社 ポプラ社　**初版年** 1984　**主対象** 低
授業中におならしてしまったおなら。「おならをするのは健康な証拠だ。しない人はいるのだろうか？」いきいきとした教室の様子が伝わります。

書名 おにたのぼうし
作者 あまんきみこ・文、いわさきちひろ・絵
出版社 ポプラ社　**初版年** 1969　**主対象** 低
節分前夜にぜひ読んでほしい絵本。節分の日に、貧しくて、お母さんが病気の女の子の家にオニが…。オニは悪いオニばかりなのでしょうか。

書名 かいじゅうたちのいるところ
作者 モーリス・センダック・さく、じんぐうてるお・やく
出版社 冨山房　**初版年** 1975　**主対象** 低
子どもの想像の世界を描いた代表的な絵本。お母さんにおこられたマックス。夢の中でかいじゅうのいる島へ向かい、彼らの王さまに。

書名 かたあしだちょうのエルフ
作者 おのきがく・ぶん・え
出版社 ポプラ社　**初版年** 1970　**主対象** 中
アフリカに住むエルフは動物の子どもたちの人気者。ある日、ライオンと戦い片足をなくしますが、…。勇気と生きる厳しさを伝えてくれる話。

書名 がたごとがたごと
作者 内田麟太郎・文、西村繁男・絵
出版社 童心社　**初版年** 1999　**主対象** 低
いろいろな人たちの列車の旅。駅に着くたびに、変身、変身。到着駅も意外な景色です。この列車はタイムマシンか？絵をじっくりと見せたい絵本。

書名 かようびのよる
作者 デヴィッド・ウィーズナー・作・絵、当麻ゆか・訳
出版社 徳間書店　**初版年** 2000　**主対象** 高
火曜日の夜8時。アメリカのある町で、沼地にいたカエルの大群が、突然空を飛び町をめざします。視点をいろいろ変えた絵が独自の世界を。

書名 キャベツくん
作者 長新太・文・絵
出版社 文研出版　**初版年** 1980　**主対象** 低
長新太さんといえばナンセンス絵本の代表的作家です。繰り返されるブタヤマさんとキャベツくんのナンセンスな会話。最後は…。

書名 アンジュール：ある犬の物語
作者 ガブリエル・バンサン・作
出版社 BL出版　**初版年** 1986　**主対象** 高
アンジュールは犬。突然、車から捨てられてしまった。どうしよう。全ページ鉛筆によるデッサンのみで文はありません。それで十分です。

書名 アンナの赤いオーバー
作者 ハリエット・ジーフェルト・ぶん、アニタ・ローベル・え、松川真弓・やく
出版社 評論社　**初版年** 1990　**主対象** 中
第二次大戦後の東欧。アンナ親子と回りの人たちで赤いオーバーができました。絵がとても丁寧で物語をよく伝えてくれます。

書名 いそがしいよる：ばばばあちゃんのおはなし
作者 さとうわきこ・さく・え
出版社 福音館書店　**初版年** 1987　**主対象** 低
「なんておほしさまがきれいなんだろう」と思ったばばばあちゃん。ゆりいすを外に出してお星さまを見たくなりますが、出すのはそれだけでは…。

書名 いたずらきかんしゃちゅうちゅう
作者 バージニア・リー・バートン・ぶん・え、むらおかはなこ・やく
出版社 福音館書店　**初版年** 1961　**主対象** 低
ちいさなきかんしゃ、ちゅうちゅう。「もう、あのおもいきゃくしゃなんかひくのはごめんだ。」たったひとりで勢いよく走り出します。

書名 えっちゃんのあけた青いまど
作者 岸武雄・作、宮本忠夫・画
出版社 新日本出版社　**初版年** 1985　**主対象** 中
聾学校にバスで通う女の子、えっちゃん。雨の日、くもっているバスのガラスを指でこすると、そこから、はとのポッポちゃんが見えます。

書名 王さまと九人のきょうだい
作者 君島久子・訳、赤羽末吉・絵
出版社 岩波書店　**初版年** 1969　**主対象** 中
「ちからもち」「くいしんぼう」「はらいっぱい」「ぶってくれ」「きってくれ」などの名をもつ九人兄弟が王さまをこらしめる中国の民話。

書名 おかあさんだいすき
作者 マージョリー・フラック・おはなし、光吉夏弥・やく
出版社 岩波書店　**初版年** 1954　**主対象** 低
「もうすぐおかあさんのたんじょう日。なにをあげようかな」いろいろな動物さんにたずねてみますが、…。心暖まる結末です。

書名 木を植えた男
作者 ジャン・ジオノ・原作、フレデリック・バック・絵、寺岡襄・訳
出版社 あすなろ書房　**初版年** 1989　**主対象** 高
ひたすら木を植える男の話。アニメ化された作品がアカデミー短編映画賞を受賞しました。淡い色調の絵がたいへん美しい。

書名 くいしんぼうシマウマ
作者 ムウェニエ・ハディシ・文、アドリエンヌ・ケナウェイ・絵、草山万兎・訳
出版社 西村書店　**初版年** 1988　**主対象** 中
シマウマの"しま"はどうしてできたか知っていますか。ケニアの民話をもとにして、ユーモアたっぷりに物語ってくれます。

書名 くじらの歌ごえ
作者 ダイアン・シェルダン・作、ゲイリー・ブライズ・絵、角野栄子・訳
出版社 BL出版　**初版年** 1991　**主対象** 中
おばあさんは、くじらの歌ごえを聞いたという。リリーはそれを信じ、ついにその歌声を聞いた。自然への愛情が感じられ、光の絵画表現が優れる。

書名 けんぼうは1年生
作者 岸武雄・作、二俣英五郎・絵
出版社 ポプラ社　**初版年** 1981　**主対象** 中
幸せな一家。しかし、けんぼうは交通事故で天国へ。生きていればもう1年生。でも、お父さんにとってけんぼうは1年生。

書名 こぶたがずんずん
作者 渡辺一枝・ぶん、長新太・絵
出版社 あすなろ書房　**初版年** 1988　**主対象** 低
「そうぞうしくてこわいものしらずのぶた」が主人公。とにかく回り道しないでまっすぐにずんずん進みます。そんなぶたに子どもたちは共感を。

書名 ごろはちだいみょうじん
作者 中川正文・さく、梶山俊夫・え
出版社 福音館書店　**初版年** 1969　**主対象** 低
汽車がまだ珍しかったころ。「あのけむりはくのは、いたずらぬきのごろはちのいたずらだろう。」そう思われてはたいへん。ごろはちは、…。

書名 こんにちはあかぎつね！
作者 エリック・カール・さく、さのようこ・やく
出版社 偕成社　**初版年** 1999　**主対象** 中
「えっ！」「あっー！」こんな声が必ず出る絵本。色にはすべて補色があることが実によくわかります。子どもたちはこの本の前に集合！！

	書名	さかなはさかな：かえるのまねしたさかなのはなし
	作者	レオ・レオニ・著、谷川俊太郎・訳
	出版社	好学社　初版年 1975　主対象 低
	友だちのかえるの話を聞いた〝さかな〟。世の中のようすを自分なりに想像します。「ぼくもよのなかをみてみるんだ。」と決意しますが…。	

	書名	しずくのぼうけん
	作者	マリア・テルリコフスカ・さく、ボフダン・ブテンコ・やく、うちだりさこ・やく
	出版社	福音館書店　初版年 1969　主対象 低
	珍しいポーランドの絵本です。しずくが冒険するという形で水の三態変化を伝えてくれる科学絵本。マンガチックで気軽に楽しめます。	

	書名	１１ぴきのねこ
	作者	馬場のぼる・著
	出版社	こぐま社　初版年 1967　主対象 低
	50年子どもたちに支持されている絵本です。１１ぴきのねこたちが魚をとろうとするお話。楽しい結末が待っています。	

	書名	１４ひきのあさごはん
	作者	いわむらかずお・さく
	出版社	童心社　初版年 1983　主対象 低
	30年以上子どもたちに読まれています。緻密画のような絵がきれい。１４ひきの名前を確かめながら読む子が目立ちます。家族とはなんでしょう。	

	書名	しらんぷり
	作者	梅田俊作／佳子・作・絵
	出版社	ポプラ社　初版年 1997　主対象 高
	ストレートに〝いじめ〟を見つめた作品。モノクロながらさまざまな技法を使った絵が、いじめられる側、いじめる側双方の心の動きを伝えます。	

	書名	しろいうさぎとくろいうさぎ
	作者	ガース・ウィリアムズ・ぶん・え、まつおかきょうこ・やく
	出版社	福音館書店　初版年 1965　主対象 低
	テーマは〝愛〟。表情を的確にていねいに表現した絵が、心の動きをよく伝えてくれて、このテーマを親しみのあるものにしてくれています。	

	書名	タンゲくん
	作者	片山健・作
	出版社	福音館書店　初版年 1992　主対象 低
	ある日、わたしの家に片方の眼が見えないネコがきました。名前はタンゲくんに。思い切った絵でその生活が楽しめます。	

	書名	ねずみくんのチョッキ
	作者	なかえよしを・作、上野紀子・絵
	出版社	ポプラ社　初版年 1974　主対象 低
	おかあさんに編んでもらったチョッキを着たねずみくん。友だちのいろいろな動物たちが着てみたくなって…。その結果は…！？	

	書名	はらぺこあおむし
	作者	エリック・カール・作、もりひさし・訳
	出版社	偕成社　初版年 1976　主対象 低
	あおむしくんは何を食べるのでしょう。そして、大きくなると…。しかけがとても楽しい絵本。子どもたちの人気は根強く初版からも40年。	

	書名	ピーターのくちぶえ
	作者	エズラ・ジャック・キーツ・作、木島始・訳
	出版社	偕成社　初版年 1974　主対象 低
	ピーターはくちぶえを吹けません。なかなかできません。でも、犬のウィリーに向かって試してみると…。チャレンジすることを忘れないで。	

	書名	１００万回生きたねこ
	作者	佐野洋子・作・絵
	出版社	講談社　初版年 1977　主対象 低
	この絵本をベスト１にする人も多いようです。１００万回死んで、１００万回生きたねこ。でも、最愛の白いねこに…。	

	書名	ふしぎなたけのこ
	作者	松野正子・さく、瀬川康男・え
	出版社	福音館書店　初版年 1963　主対象 低
	たけのこ掘りに来たたろう。そのたろうをのせてたけのこはたろうくん大きくなり、倒れた。そこは海だった。横長という形を上手に生かしています。	

	書名	ふるやのもり
	作者	瀬田貞二・（再話）、田島征三・画
	出版社	福音館書店　初版年 1965　主対象 低
	「ふるやのもりじゃ」と叫び、侵入した家から逃げる泥棒とおおかみ。その泥棒退治のためにサルが長いしっぽを利用しますが…。	

	書名	ペレのあたらしいふく
	作者	エルサ・ベスコフ・さく・え、おのでらゆりこ・やく
	出版社	福音館書店　初版年 1976　主対象 低
	なんと100年以上前の1912年にスウェーデンで出版された絵本です。子どもの自立した行動がテーマで古さを感じさせません。絵もいい感じ。	

	書名	チロヌップのきつね
	作者	たかはしひろゆき・文・絵
	出版社	金の星社　初版年 1972　主対象 低
	千島列島々ルップ島での作者の経験から生まれた作品。島に残された子ギツネたち。ある日、兵士たちが鉄砲をキツネたちに向けます。	

	書名	てぶくろ
	作者	エウゲーニー・Ｍ・ラチョフ・え、うちだりさこ・さく
	出版社	福音館書店　初版年 1965　主対象 低
	おじいさんが雪の森に落としたてぶくろ。ねずみがすみかに、やがてクマも。犬の鳴き声で動物は皆飛び出して…。ウクライナの民話です。	

	書名	とうちゃんのトンネル
	作者	原田泰治・作・絵
	出版社	ポプラ社　初版年 1980　主対象 中
	作者の実体験の絵本化。戦争で疎開した作者一家。水が出ないので米づくりができません。そこで、とうちゃんが水をもとめて山にトンネルを…。	

	書名	とべバッタ
	作者	田島征三・作
	出版社	偕成社　初版年 1988　主対象 低
	荒々しくダイナミックで迫力たっぷりの絵。バッタとヘビやカマキリとの戦いは、読みごたえ聞きごたえ見ごたえ十分です。	

	書名	にじいろのさかな
	作者	マーカス・フィスター・作、谷川俊太郎・訳
	出版社	講談社　初版年 1995　主対象 低
	にじうおはきれいなうろこをもっています。「そのきらきらのうろこをおくれよ。」にじうおはことわってばかり。そのうち気がつくと…。	

	書名	西風号の遭難
	作者	Ｃ・Ｖ・オールズバーグ・絵と文、村上春樹・訳
	出版社	河出書房新社　初版年 1985　主対象 高
	西風号は空を飛ぶヨット。こんな超現実的な世界へ、老人が昔の思い出を語ることで誘ってくれる。老人はまだ夢を追い続けているのだろうか。	

	書名	ネコとクラリネットふき
	作者	岡田淳・さく・え
	出版社	クレヨンハウス　初版年 1996　主対象 低
	クラリネットを吹くたびにネコは大きくなっていき、ついには空を飛ぶまでに。元小学校の図工の先生でファンタジーが得意な作者の数少ない絵本。	

	書名	ぼくはおこった
	作者	ハーウィン・オラム・文、きたむらさとし・絵・訳
	出版社	評論社　初版年 1996　主対象 低
	ぼくはおこった。嵐、台風がおこり、宇宙までこっぱみじんに。ダイナミックなストーリー展開に子どもたちはついてきます。	

	書名	ぼちぼちいこか
	作者	マイク・セイラー・さく、ロバート・グロスマン・え、いまえよしとも・やく
	出版社	偕成社　初版年 1980　主対象 中
	「なれへんかったわ」「どうもこうもあらへん」「こら、あかんわ」何をやってもうまくいかないぼく。どないしたら。	

	書名	むぎばたけ
	作者	アリスン・アトリー・作、矢川澄子・訳、片山健・絵
	出版社	福音館書店　初版年 1989　主対象 中
	ある夏の満月の夜。ハリネズミとノウサギとカワネズミが、支援へ友の穂がのびるところを見に行きます。「ムギが何か言っているのが聞こえる？」	

	書名	もりのなか
	作者	マリー・ホール・エッツ・ぶん・え、まさきるりこ・やく
	出版社	福音館書店　初版年 1963　主対象 低
	黒一色の絵が森の静かな様子にぴったり。「ぼく」は、その森の中でいろいろな動物たちと遊びます。ファンタジーの古典的名作。初版から50年。	

	書名	山になった巨人　（品切）
	作者	リュウ・チェスウ・作・絵、イ・サンクム、まついただし・共訳
	出版社	福音館書店　初版年 1990　主対象 中
	朝鮮半島に伝わる話です。ダイナミックな絵が、白頭山の成り立ちをよく教えてくれます。お隣の国のこと、よく知られていないのでは。	

	書名	山のいのち
	作者	立松和平・作、伊勢英子・絵
	出版社	ポプラ社　初版年 1990　主対象 高
	祖父のもとへ預けられた静一。山の自然の厳しさに触れた静一は、次第に自分を取り戻す。緑一杯の絵が、山のものを多く運んでくれるようです。	

	書名	わすれられないおくりもの
	作者	スーザン・バーレイ・さく・え、小川仁央・やく
	出版社	評論社　初版年 1986　主対象 低
	年とったアナグマが死にました。頼っていたみんなも困りますが、みんな一人ひとりに何かを残していきました。死がテーマの穏やかな絵本。	

読み聞かせをしてみよう

1 読み聞かせのメリット

　読み聞かせとは本を読んでお話を聞いてもらうことです。聞く側の子どもたちには、「聞く」ことと「想像する」ことが求められます。

　「聞く」ことは、集中力や注意力を育てます。ストーリーを追ったりまとめたりする力も育てます。また、聞きながら感情が呼びさまされることで、感情を表す言葉が実感されて頭や心に深く残されていき、言葉を自分の言葉として獲得させることができるようになります。

　「この先はこうなる。」「たぶん、最後は........」などと「想像」しながら聞けば、コミュニケーションする力を育てる第一歩にもなるでしょう。少なくともイメージを豊かにしていきます。

　脳科学的に考えると、次の部分が活性化されます。

```
「前頭前野」（知情意を統括）
「側頭葉」（聴覚を司る）
「後頭葉」（視覚情報処理を行う）
```

　話を聞きながら自然に学力の基礎が耕されることになるのです。

2 教師が学べること

①絵本や児童文学を通して、子ども文化にふれたり理解することができる。
②本を通じて子どもに対する理解が深まり、子どもとの会話の機会が増える。
③「読み聞かせ」を通して、教師も子どもも癒される。
④絵本や文学作品から教師としての生き方を教えられる。
　癒されながら、幅広く教師として成長するのに役立つのです。

3 子どもにとっての読み聞かせ

　荒れているクラスでも読み聞かせだけは別というケースが多く、読み聞かせがきらいだという子どもはまずいません。言葉の世界を旅することで、自分の力で想像や創造をしてつくった〝映画〟を頭の中で楽しめるからです。

　メリットが多い読み聞かせ。学校現場で見逃すのはもったいないですね。ぜひ、もっと日常的に気軽に取り組んでほしいと思います。

4 感想をたずねたり書かせたりしてはいけません

　子どもたちが楽しかったかどうかということは、読みながら子どもたちの表情、つぶやき、動作などといった反応を受け止めていればわかります。楽しくなければ集中してくれません。目を輝かせて本や読み手に真剣に視線を向けて聞いてくれる

資料5

のは、「おもしろいなあ」「次はどうなるんだろう」などと楽しんでくれているからです。読み聞かせの後に、感想をたずねたり書かせたりすることが待っていると、その楽しさが半減してしまいます。反応がよければ、楽しんでいる、メリットが身に付きつつあると考えましょう。読み聞かせに、メリットがすぐに十分に身に付くほどの即効性は期待できません。続けていくことが必要です。〝漢方薬〟のようなものだと思って、期待しつつもあせらずに続けていきましょう。

5 本の選び方

読み聞かせにはどんな本を選べばよいのでしょうか。ポイントをあげるなら次のようになります。
 ①できるだけ洗練された、しかも耳からきいてわかることばで書かれていること
 ②すじや起承転結がはっきりしていること
 ③著者がいいたいことが、前もってよく整理され、明確な形で表現されていること
 ④聞き手の方が創造的に聞けるもの
 ⑤生活実感にふれる要素をもったものであること

子どもは、文章や表現がよくないと楽しめません。また、聞いている途中で言葉の意味がわからない、おかしいなどと考えてしまうと、次の言葉を聞きのがしてストーリーがわからなくなってしまうことがあります。こんな思いを子どもにさせないように、読み手はあらかじめ読んでから選ぶことが必要です。本の選び方、簡単にまとめるとこうです。

> 子どもに負担を感じさせない本。
> しかも、
> 読み聞かせる側が読んで「いいなぁ」と思った本。

6 読み聞かせの主人公はだれか

聞く子どもたちが主人公です。聞く側が頭をはたらかせないと読み聞かせは成り立たたず、成長もしないからです。こんな主人公である子どもたちに読み聞かせをするということは、読み手の愛情を伝えることにもなります。メリットも多々ありますが、子どもたちに愛情を伝えるということこそ最大のメリットではないでしょうか。

参考文献
『読み聞かせの発見』増村王子著　岩崎書店　1973
『楽しい読み聞かせ』小林功著　全国学校図書館協議会　1996
『楽しみながら読書が身につく読み聞かせ』蔵元和子著　学事出版　1997
『先生、本を読んで！』村上淳子著　ポプラ社　1999
『感性を磨く読み聞かせ』笹倉剛著　北大路書房　1999
『自分の脳を自分で育てる』川島隆太著　くもん出版　2001
『読む力は生きる力』脇明子著　岩波書店　2005
『教育を変える学校図書館』塩見昇著　風間書房　2006

28 選書の方法と重要性

選書方針の下、ひとりよがりにならずにできるだけ意見を入れて

　選書とは、「図書館が受入れる図書その他の資料を選定すること、またはその選択の手順」(『図書館用語集：改訂版』日本図書館協会)のことです。ひとりよがりにならず、第一法則「本は利用するためのものである」や第二法則「いずれの人にもすべて、その人の本を」を忘れないようにして選びます。

1 選書から配架まで

　手順はこうなります。

> ①図書台帳や書架を見るなどして、学校図書館の主題別蔵書割合と主なタイトルを確認し、自校の学校図書館蔵書の現状を知る。
>
> ②各学年の学校図書館資料の利用状況を聞き取ったり、年間指導計画をもとにして、予想される図書の利用方法や必要な図書(タイトル)や資料を想定しておく。
>
> ③図書の購入予算や時期について管理職に確認する。
>
> ④「選書方針」を明確にし、職員会議で他の教員の了解を得る。
>
> ⑤その年度に購入したい図書を、想定した中から、多くの教員の意見や希望、参考資料などをもとにリスト化し提案する(狭義の選書)。
>
> ⑥購入リストを作成して、職員会議で他の教員の了解を得る。
>
> ⑦発注する(発注先は学校により異なる)。
>
> ⑧納品されたら、発注通りに納品されたかを検査(検品)する。
>
> ⑨分類番号の付与、分類ラベルの作成や貼付、蔵書印の押印などの装備を行うとともに、図書台帳に記入して配架する。

> 国語科の教科書で紹介されている図書のうち蔵書になっていないもの、青少年読書感想文全国コンクールの課題図書、調べ学習用の図書を中心に選書し、購入候補図書リストを司書教諭が作成。各学年の学校図書館担当者に提示し、了承を得て購入する。

　筆者が最後に在職した学校では、圧倒的に9類「文学」の蔵書が多く、調べ学習用の資料が不足していましたので、このような「選書方針」を示し、了解の上、選書・発注していきました。

　管理職をふくめたメンバーで、校内に「選定委員会」を設けて選定にあたる方法もあります。また、学期末ごとにすべての先生方に各学期を振り返ってもらい、どんな図書が足りなかったかをアンケートのように聞いていくのも参考になります。実際の選書の際には、全国学校図書館協議会が平成12（2000）年に制定した「学校図書館メディア基準」の「蔵書の標準配分比率」をもとにするといいでしょう。バランスのいい分類比率が考えられています。

学校図書館蔵書の標準配分比率

	0 総記	1 哲学	2 歴史	3 社会科学	4 自然科学	5 技術	6 産業	7 芸術	8 言語	9 文学	合計
小学校	6	2	18	9	15	6	5	9	4	26	100%
中学校	6	3	17	10	15	6	5	8	5	25	100%
高等学校	6	9	15	11	16	6	5	7	6	19	100%
中等教育学校	6	9	15	11	16	6	5	7	6	19	100%

2 選書の参考になるもの

　まず、他校でよく読まれていたり、調べる際に役立った図書があげられます。各自治体の学校図書館研究部で情報交換できないでしょうか。次に、教員用指導書などに掲げられている図書。そして、信用され独立している団体に選定された図書があげられます。全国レベルでは、日本図書館協会が選定事業をしていましたが、2016年3月で事業を終了しましたので、同じ全国レベルでは全国学校図書館協議会が選定している図書が中心となります。全国学校図書館協議会が委嘱した図書館を専門としてきた教員から成る選定委員会が、月2回の会議で選定しています。その書誌情報はすべて全国学校図書館協議会が月2回発行している『学校図書館速報版』に掲載されます。また、出版社などから学校あてに送られてくる目録やパンフレット類に掲載されている図書も参考になるでしょう。

全国学校図書館協議会では、選定された図書の中から、さらに学校図書館の基本的な蔵書となると判断した図書だけを集めた『学校図書館基本図書目録』を、有料でしたが2014年まで発行していました。現在休刊中ですが、2011年版以降はまだ入手可能です。2012年〜2014年発行の目録は、それぞれ前年度に発行された図書の中から選定されたものの目録で、2011年発行の目録は、前年度は無論のこと過去５年ほどの間に発行された中から選定された図書の目録です。新設校などのように学校図書館を新たに立ち上げるような場合や、あまりにも蔵書内容の主題の偏りが顕著な場合などに大いに役立つでしょう。どれも選定された図書一冊一冊の書誌情報と簡単な内容説明が、小・中・高校ごとに分類番号順に編集されています。さらに、小学校向けの図書には、中学年向け・高学年向けといったグレードも示されています。また、小学校低学年向けの絵本を中心とした図書は、中・高学年向けとは別に編集されています。

　いずれもタイトルだけで決めるのではなく、できるだけ実際の図書を見て内容を確認した上で選書・購入します。必ずしもタイトルがその図書全体を的確に表現しているとは限りませんし、内容もすべての学校に合うとは限らないからです。また、取次会社主催の展示会に行ってみるのもいいでしょうが、ある主題の図書がすべてあるわけではなく、比較的新しいものが多いことには注意が必要です。公共図書館の児童図書コーナーも、よく利用されている図書は比較的古いものであっても書架に並んでいるので参考になります。

　最近は学校図書館関係の優れたウェブサイトがつくられてきていて、ブックリストが公開されていることがあるので、大いに参考にできます。東京学芸大学学校図書館運営専門委員会が開設している「先生のための授業に役立つ学校図書館活用データベース」が参考になるでしょう。

　なお、郷土資料は成人向けでもなるべく購入するようにしました。郷土（各自治体）を対象とする図書は出版されること自体が少なく、後で気がついたときはすでに入手が困難になっていることが多く、写真が多ければ小学校中学年以上なら資料として活用させることが可能だからです。

3 選書の重要性

　選書は、自校の学校図書館や子どもたちにだけ重要だというわけではありません。このことは覚えておいてほしいと思います。

　企業は顧客が育てる側面があると言われています。また、それなりの実績を上げている企業は、誠実に顧客の声を聞いているものです。出版社も例外ではありません。もう、おわかりでしょうか。選書は、学校図書館関係者の声を出版社に届ける大きな機会として重要なのです。選書を通して「○○○のような図書なら購入してもらえる」と思ってもらえば、声を届けることになります。「○○○」には学校図書館にふさわしい良質な図書であるための条件が入ります。

- 書かれている内容は正確か
- 文字や文章がわかりやすいか
- 対象学年（学校）は明確か
- レイアウトやイラスト、写真は的確なものが効果的に使用されているか
- 索引は項目が多く調べやすいか
- 製本（特に背の部分）がしっかりとしているか

　このようなことに「？」がつく図書が現実に出版されていますので、実際に手に持って確認していくのです。学校図書館という顧客の視点で判断し、選書・購入していくことが、大げさではなく出版社を育て、ひいては日本の教育や文化を育てていくことにつながるのです。

　詳しい選書の視点は、「全国学校図書館協議会図書選定基準」が参考にでき、全国学校図書館協議会ウェブサイトの「図書館に役立つ資料」で閲覧できます。

💻 選書について参考になるウェブサイト

○全国学校図書館協議会「図書館に役立つ資料」＝http://www.j-sla.or.jp/material/index.html
○東京学芸大学学校図書館運営専門委員会「先生のための授業に役立つ学校図書館活用データベース」
　＝http://www.u-gakugei.ac.jp/~schoolib/htdocs/

〔確認日すべて2016．7〕

29 広報の方法と内容

多くの先生方に、より深く理解・活用してもらうために

　教科書、特に国語科の教科書は、整備された学校図書館の存在とそこに司書教諭や学校司書がいるという前提で編集されているので、どの先生方も学校図書館とそれを活用する教育の重要性は理解しています。しかし、その理解度や活用の仕方はさまざまです。ここに司書教諭や学校司書が中心になって情報を発信していくという必要性が生まれます。情報を発信して、先生方に学校図書館を理解してもらった上で授業に活用してもらったり、学校図書館に関わる授業を司書教諭に依頼してもらったりすることはとても大切なことだからです。

1 「図書館だより」の発行

そのために多くの学校で取り組まれているのが、「図書館だより」の発行です。

筆者は先生方向けに、新着図書の紹介や図書館からのお知らせ、貸出統計、ボランティアさんたちの活動予定などを、年5回程度「としょかん通信」と称した「たより」を発行して伝えてきました。

2 「学校図書館入門シリーズ」の発行

しかし、「図書館だより」では、どうしてもタイムリーなお知らせ中心の内容になりがちです。そこで筆者は、読書の効果や図書館や本に関する情報を伝えるため、次のような「学校図書館入門シリーズ」と称したA4数ページの小冊子を主に長期休業中に作成し、情報提供を行いました。

No.4を次ページ以降に掲載しました。他は、それぞれの§のページに内容の一部を掲載したりしています。

> No.1 「読書　そのメリット」→§1にポイントがまとめてあります。
> No.2 「読み聞かせをしてみよう」→§27にやや短く編集したものを掲載。
> No.3 「読書感想文　意義とヒント」→§10にポイントがまとめてあります。
> No.4 「学校と著作権」（著作権とは何か。学校教育における著作権問題）
> No.5 「先生のための図書館入門」→§22に一部を掲載。

No.4の「著作権」は、以前よりは学校現場で知られるようになりましたが、まだまだ学校内の仕事と著作権の関係は知られていないので、ケーススタディ形式で解説しました。どの授業で子どもたちに著作権について教えたらいいかというのは大きな問題です。小学校では、国語科の教科書で少し触れられている程度。調べ学習では、たとえ小学生でも参考にした文献などを示さなければいけません。このことから、教科より調べ学習に取り組ませる時間が長い総合的な学習の時間で、やや詳しく教えるのが妥当だと思います。

関連ページ
「§22　現状とできること」　　90ページ

学校図書館入門シリーズ④

学校と著作権

(2007)

◻著作権とはどんな権利か

著作権の権利のことを著作権といいます。誰かの真似ではない自分の思想や感情を作品として表現した人や団体が著作権者となります。作品とは、文、詩、絵、写真、映画、作曲、講演、演劇、コンピュータプログラム、ホームページなど、およそ他の人に伝えることができるメディアならすべていっていいでしょう。日本では昭和45年（1970）に大幅に改正され、翌昭和46年（1971）から施行された全124条から成る著作権法により守られています。

この著作権がもつ権利は、大きく分けて著作者の人格に関わる権利と、財産に関わる権利の二つに分けることができます。

前者の権利を「著作人格権」といい、おもに著作者の人格や精神的安定を守ることが目的となります。

「著作人格権」

公表権………作品を公表していいかどうかを決める権利
氏名表示権………公表の際に作者名（筆名をふくむ）を表示するかどうかを決める権利
同一性保持権………作品を勝手に改変をされたり、一部だけの公表をされたりすることがないことを保証される権利

後者の権利を狭義の意味の「著作権」といい、おもに著作者の財産を守ることが目的です。

狭義の意味の「著作権」

複製権・上演権・演奏権・上映権・公衆送信権・口述権
展示権・頒布権・譲渡権・貸与権・翻訳権・翻案権
二次的著作物の利用に関する権利

原則として、すべてに著作者の承認と対価が必要です。

また、この他に演奏家や俳優など実演家が関係する「著作隣接権」もあります。

- 1 -

2 何歳から著作権の持ち主になれるのか

自分なりの誰かの真似ではない思想や感情を作品として表現してあれば、年齢は関係ありません。1歳だろうが20歳だろうが、1年生だろうが6年生だろうがその作品に創意があれば、作品に著作権が生まれます。したがって、国語の作文や図工の作品は、誰かの真似をされていないものであれば、その子が著作者となり、著作権法により与えられます。

3 著作権というのはどこかに届け出て初めて認められるのか

届け出は必要ありません。作品の完成と同時に著作権が生まれます。本の奥付に©というマークがよく付いていますが、これは、Copyright（複製権）の頭文字で、著作権を確保したことを表すものだったのですが、このマークは、届け出てアメリカで著作権を確保するためにも必要でした。現在、アメリカでも届け出は不要になりました。日本では誰もが著作権は保護されます。ただ、著作権は誰にでもあるため、あえてこのマークを明記しなくとも、著作権は保護されます。ただ、著作権は誰にでもあるため、または著作者を識別するのには有効かもしれません。行元にあるのかを識別するのには有効かもしれません。

4 著作者が死んだら著作権はどうなるのか

すぐに消滅して他の人が自由にその作品を使えるようになりません。死後50年間は保護され、権利は遺族などの著作権継承者が受け継ぎます。なお、欧米では死後70年間保護されるのが主流で、日本でも文化庁で延長するかどうか検討しています。

5 著作権のない著作物というのはあるのか

あります。法律や地方自治体の定める条例、裁判所の判決文や命令文には著作権はありません。また、創作性のない作品や保護期間の終了した著作物、さらには新聞記事のうち単なる事実にすぎないものにも著作権はありません。「著作権フリー」と明示されているものは自由に使うことができます。なお、教科書には著作権があります。目由に使うことができます。

6 授業で必要なら著作物を無断で複写や印刷ができるか

できます。著作権法にこうあります。

著作権法第35条（学校その他の教育機関における複製等）
学校その他の教育機関（営利を目的として設置されているものを除く。）において教育を担当する者及び授業を受ける者は、その授業の過程における使用に供することを目的とする場合には、必要と認められる限度において、公表された著作物を複製することができる。ただし、当該著作物の種類及び用途並びにその複製の部数及び態様に照らし著作権者の利益を不当に害することとなる場合は、この限りでない。

図式化するとこうなります。

複製の条件1.
著作者の利益を不当に侵害しないでいけない

複製の条件2.
教育を担当する者、その授業を受ける児童生徒が複製可能

→ ①必要と認められる範囲で使用条件を限って、③直接的な授業者が児童生徒などを複製できる

したがって、授業などでの授業を受ける者すべての必要なら直接必要ある範囲を必要な部数を直接授業をする者すべての授業を受ける者のが複写や印刷をすることができます。ただし、営利事業としての教育機関であるカルチャーセンターや塾などでは、この条文は適用されません。

では、次のような場合はどうでしょうか。著作権法第35条に照らし可能でしょうか。

【ケーススタディ1】
100ページの本をコピーして200人に配りたい。

ページ数、人数ともに必要な範囲を越えています。お金に換算するとかなりの額の著作者の財産権を侵しています。したがって、（①と関係あり）

- 3 -

【ケーススタディ2】
学級担任が本の一部をコピーして授業中に配るとともに、それを参観する保護者にも人数分コピーして配りたい

担任が本の数ページのコピーを授業中に受ける児童に配布するのは問題ありませんが、保護者には配布できません。保護者は授業を受けるものとはみなされないからです。(②と関係あり)

【ケーススタディ3】
学習中の授業のために教科書と参考資料それぞれから数ページ必要なところを学級担任がコピーするとともに資料作りをしたい

学級担任が、参考資料とともに新しい資料を作り、直接授業者が選出した箇所と使用条件を限っていれば、参考資料をコピーすることは問題ありません。したがって、教科書、参考資料とともに新しい資料を作り、直接授業者が選出した箇所と使用条件を限っていれば複写できます。(①②②と関係あり)

【ケーススタディ4】
来年度以降の授業のために教科書と参考資料それぞれから数ページ必要なところをコピーして新しい資料を作り、保存しておきたい

ケーススタディ3と似ていますが、必ずしも来年度以降の使用ができるものではないということになります。授業の過程における使用という条件ではないということになります。したがって、コピーすることは控える教育を直接担当する教育者がコピーすることに限らないことになります。(②③と関係あり)図書館などホームページについても同じことがあります。

【ケーススタディ5】
調べ学習の授業中、児童たちが参考になるホームページをそれぞれ見つけた。一人一部だけプリントアウトさせたい。

児童生徒が授業中に自分の分だけコピーするのも同様です。①と関係あり)本をコピーするのも同様です。したがって、それは、引用元のデータをきちんと記録させることは、大事なことです。調べ学習については、研究成果をきちんと保存しておくこと、いつアクセスした、その際に「ちだれの書いたどんな名前の本で、何ページから引用したのか」を明記しないと無断引用となってしまいます。これは、先に記載した人たちの成果を利用する者のごく普通の方法ですが、その前にはマナーが必要であり、少なくとも利用させていただいたという意識を持たせる必要があります。また明記することによって著作者人格権を尊重することにもなります。

7 児童の作文や絵画作品を学校のホームページに載せるためサーバーにアップロードしたい

無条件ではできません。法律上、情報はサーバーにアップロードした時点で、たとえ第三者からのアクセスがまったくなくても、一般に公開したとみなされます。これを公衆送信といいます。この公衆送信にあたっては著作者の了承が必要です。年度初めに決めなければなりません。したがって了承を取るということは、作品を家庭に持ち帰る児童は著作者である児童生徒および保護者の聴取の了承が必要です。作品を自由に掲載せたいというならば、年度初めにその聴取の了承をとるプリントを全家庭に知らせ、文書で了承を取っておくことが必要だと思われます。

なお、最近学校のホームページでは児童生徒の顔がはっきり誰だかわかるように写るケースが増えてきました。これは、悪用されるのを防ぐ目的からも顔という面像をみだりに公開すべきではないという人格権を守る立場からの措置ではないかと思われますが、顔という面像をみだりに公開すべきではないという人格権を守る立場からの措置でもあります。

8 学校で放送番組を録画して授業で児童に視聴させたい

問題ありません。授業の過程ならばいつでも使用できます。ただし、来年度以降も使用できるようにライブラリーのように保存整理しておくことはできません。

9 レンタルショップでビデオやCDを借りて授業で使いたい

できません。レンタルショップで貸し出しされているメディアは、著作権者から「個人的な視聴」に限って貸し出しの了承を得ています。授業は「個人的な使用」ではありませんので使用できないということになります。また、借りた上での録画や録音、それを利用しての視聴も「個人的な視聴」ではあり得ないのでできません。

10 運動会での表現運動のために、既製のCD数枚からいい部分を選んで編集、一本のテープにして使いたい

できません。著作権者も同一性保持権を侵すことになります。CD数枚をすべて購入したからといってもできません。CDの購入には、やみくもに公表しないということの義務が付くのです。運動会は公の行事であって私的利用ではあるのでありませんので。

11 授業に使えそうなよいソフト1本を購入した。コンピュータ室のコンピュータ40台でも使いたいので、あらかじめセットアップしておきたい

できません。ソフトを購入するということは、あるプログラムを利用する権利を手に入れるということですが、これには条件が付けられています。1台のコンピュータを使っての利用だけです。もし、多数のコンピュータへのセットアップを認めたら、図書費の一部のコピーと異なり、プログラムの作者の財産権を相当侵すことになってしまいます。

■■■ 著作権法は誰を守るのか　著作権を教える意味 ■■■

著作権法は、社会の高度情報化の進展に伴い改正が頻繁に行われ今日に至っていますが、その背後に流れる考えは変わっていません。それは「著作物の公正な利用」と「著作者を守る」ということです。利用者の利便性は考えられていません。しかって著作権を考える際には、自分がある作品の作者（著作者）だったらどう思うかと考えれば理解が早くなるでしょう。「こんなことをされたらいやだ」「ここまでだったらいい」と考えると、著作権という権利が身近に感じられるのではないでしょうか。

著作権を守るということは、著作者の人権を守ることにもつながります。著作権を図るとともに著作者の人権を守ることに人権教育の一端を担っているのです。お互いの作品を尊重していくことがお互いの人権尊重につながり、ひいては社会のよりよき発展にもつながるのです。

□参考文献□
『学校図書館と著作権Q&A：改訂版』森田盛行著　全国学校図書館協議会　2001
『学校図書館の著作権問題Q&A』日本図書館協会著作権委員会編著　日本図書館協会　2006

情報を発信しよう

30 研修こそ最大の広報

図書館とは何か、レファレンスとは何かを知ってもらおう

　学校図書館とは何か、どんな力を育てることができるのかを、研修で先生方に伝えることは学校図書館教育にとって最も大きな広報活動といえます。夏季休業中は実施しやすく、読書活動や調べ学習の取組みも盛んになる2学期を控えているので研修の実施に効果的です。

　「学校図書館入門」と称して、「図書館とはなにか」と「レファレンスとはなにか」の2部構成で、次ページ以降のようなプレゼンテーションをした上で、演習を組み込んだ研修を夏季休業中に行いました。

1 研修第1部「図書館とはなにか」

　まず、「図書館と本の倉庫はどこがちがうのか」を考えてもらい、図書館の機能について説明しました。次に学校図書館と公共図書館それぞれの役割に注目してもらい、学校図書館の機能の説明につなげました（**資料1**）。

2 研修第2部「レファレンスとはなにか」

　「レファレンス」とは、正確にはレファレンスサービス（reference service）と言い、「何らかの情報あるいは資料を求めている図書館利用者に対して、図書館員が仲介的立場から、求められている情報あるいは資料を提供ないし提示することによって援助すること」（『図書館情報学用語辞典：第4版』日本図書館情報学会）です。学校図書館では、子どもたちの読書活動において興味・関心に応じた本を見つけるときや、調べ学習の取組みにおいて資料を探すときなどの支援として司書教諭や学校司書が行うものです。

　「レファレンスとはなにか」「学校図書館でのレファレンスの特徴」（**資料2**）を知ってもらった後に、分類番号をもとに図書館資料を探して課題解決をしたり、ある課題について二次資料をもとに、校内で作成した「調べ方カード」の「資料リストを作ろう」を利用した演習に取り組んでもらいました（**資料3、4**）。

　課題解決に取り組む経験や資料リストの作成を経験することで、司書教諭や学校司書の仕事、子どもたちの立場での学校図書館の利用を理解してもらえます。

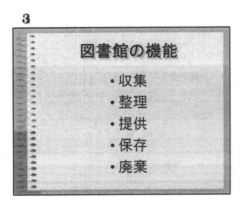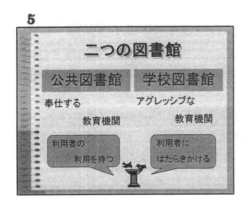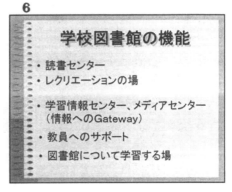

資料1

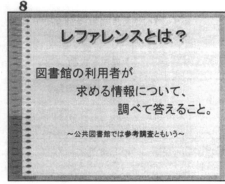
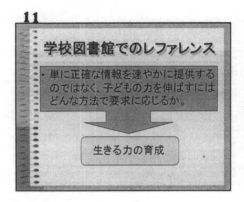

13 問題解決のプロセス
- 1 課題の設定とメタ認知
- 2 解決方針（方法、順序）の決定
- 3 情報の収集
- 4 情報の選択
- 5 情報の統合（メディアの操作能力、選択能力、探索能力、利用能力、評価能力）
- 6 評価

14 資料を探す3つの方法
- 1 分類番号（ラベル）から探す
- 2 本の事典＝目録から探す
- 3 コンピュータで検索する

※本だなをぶらぶらして探す。

15 レファレンス演習第一部

情報を提供して下さい。
～おもに分類番号からのアプローチ～

16 レファレンス演習第二部

情報源を提供して下さい。
～おもに二次資料からのアプローチ～

17 二次資料とは？
- 読み通すことが目的となるのではなく、調べるために必要なところを利用するのが目的となる資料のこと。
  - 辞典
  - 百科事典
  - 年鑑
  - 図鑑
  - 目録
  - タウンページ

18 レファレンス演習第二部課題
- 1年　昔あそび
- 2年　民族衣装
- 3年　手話
- 4年　水道
- 5年　ニュース（テレビ）番組ができるまで
- 6年　日本国憲法
- 7年　盲導犬

年　　組　名前：

1 調べる前に
資料リストを作ろう
（しりょう）

1 『資料リスト』とは？
調べていることがらが分かりそうなことが出ている〝資料のいちらん表〟のことです。

2 なぜ、『資料リスト』なんているのだろう？

そのわけ1：一つの資料をひとりで長い時間使うことはなかなかできません。調べているとちゅうでもとにもどすことが必要になることが多いものです。いったんもとにもどした資料で、また調べたいなと思ったときに、このリストがあれば、さがすのがかんたんになります。

そのわけ2：たくさんの資料をひとりで長い時間使うこともなかなかできません。だれかとこうたいで使うことが必要です。そんな時にこのリストがあれば、どの資料で調べればよかったかがすぐにわかります。

そのわけ3：一つのことを調べるにも、できるだけたくさんの資料に書かれていることをくらべながら調べることが大事です。特にインターネットの情報は、いいかげんで正しくないものも多く、いつのまにかきえてしまうものもあるので、必ずメモしてくらべてみることが必要です。このリストがあると、そういったことがやりやすくなります。

そのわけ4：調べる人のマナーとして、まとめの時にどんな資料で調べたかをはっきりと書いておくことが必要です。このリストは、その時に役に立ちます。

3 リストに書いておくこと
資料の「種類」「名前」「書いた人や作った人の名前」「どこにあるか」「何ページに出ていたか」、ホームページなら「アドレス」などです。

資料3

資料リスト   年　組　名前：＿＿＿＿＿＿＿＿　No.

調べること	
キーワード	

HP=ホームページ

情報の種類	番号記号	本の名前・HPタイトル、アドレス ビデオタイトル　など	著者・開設者など 発　行	発行年・開設年 出ているページ
本　HP ビデオ ほか		 http://		
本　HP ビデオ ほか		 http://		
本　HP ビデオ ほか		 http://		
本　HP ビデオ ほか		 http://		
本　HP ビデオ ほか		 http://		
本　HP ビデオ ほか		 http://		
本　HP ビデオ ほか		 http://		
本　HP ビデオ ほか		 http://		
本　HP ビデオ ほか		 http://		
本　HP ビデオ ほか		 http://		
本　HP ビデオ ほか		 http://		
本　HP ビデオ ほか		 http://		
本　HP ビデオ ほか		 http://		

資料4

次年度へつなげよう

31 活動を振り返る

原点としての「図書館学の五法則」や「学校図書館憲章」をもとに

　年度末には1年間の活動の振り返りを行い次年度に備えましょう。学校図書館をめぐる自校に準拠したチェックリストがあればそれを使って学年末にチェックし、全教職員にその結果を伝えます。

　そういったリストはない、もっと簡単に学校図書館活動を振り返りたい、ということなら、活動の「原点」＝学校図書館とはどんな場であればいいのか、ということに戻って振り返ればいいと思います。少なくともこういったことに取り組まなければ学校図書館活動の充実・発展は望めません。筆者が「原点」としたのは、「図書館学の五法則」と「学校図書館憲章」です。

1 「図書館学の五法則」をもとに

　『図書館学の五法則』(*The Five Laws of Library Science*, 1931) は、インドの図書館学者ランガナタン (Shiyali Ramamrita Ranganathan, 1892-1972) の古典的名著です。『学校図書館』(全国学校図書館協議会) 2015年10月号で北克一氏（相愛大学）が述べているように、「簡潔な表現の中に図書館サービスの規範的原理」を表していて、いずれも学校図書館にも適用されるものです。詳しくは§2を参照してください。以下に五つの法則と、筆者が意識し実践していた振り返り内容を示します。

> 第一法則　本は利用するためのものである

☐すべての本に装備や台帳記入がなされ、適切に配架されすぐに利用できるようになっているか。
☐修理を要する本はすみやかに修理して再配架してあるか。
☐本以外の資料も、適切に装備・配架、または該当学年に管理を依頼したか。
☐多くの教員に、図書館の利用法や蔵書内容について伝えることができたか。

> 第二法則　いずれの人にもすべて、その人の本を
> 第三法則　いずれの本にもすべて、その読者を

☐適者に適時に適書を紹介したり、進んで利用できるようにしたりしたか。

□調べ学習に効果的に利用できる本や資料を、各学年ごとにタイミングよく提供・紹介できたか。

> 第四法則　読者の時間を節約せよ

□図書館やその他の書架に適切に本や資料を配架し、必要とする本や資料が見つけやすくなっていたか。
□できるだけ多くの学年を対象に利用指導ができたか。

> 第五法則　図書館は成長する有機体である

□前年度より本や資料が充実し、より多くの児童に利用されるようになったか。
□ほぼ利用されなくなった本や資料の廃棄を進められたか。
□1年間の子どもたちへの指導の結果をもとに年間指導計画を見直し、来年度への準備ができたか。

2 「学校図書館憲章」をもとに

「学校図書館憲章」は、全国学校図書館協議会が平成3（1991）年に制定したものです。冒頭部分で新しい授業のあり方と学校図書館の役割を述べた後、「理念」「機能」「職員」「資料」「施設」「運営」の具体的な指針6項目を、それぞれ3〜7の条文で示してあります。すでに制定後25年経ちますが、決して古くなってはおらず、当時想定された教育の内容が実現されつつある今日において、その先見性はもっと評価されてよく、学校図書館関係者は今一度目を通すべきだと考えます。

どの項目も学校図書館活動の振り返りに役立ちますが、特に「機能」の項目が役立ちます。その条文と筆者が意識し実践していた振り返り内容を、前節で示した内容と重なるところもありますが次に示します。

なお、この憲章の全文は、全国学校図書館協議会ウェブサイトの「図書館に役立つ資料」で閲覧できます。

> 機能1．学校図書館は、多様な資料と親しみやすい環境を整え、児童生徒の意欲的な利用に資する。

□教育課程の展開や子どもたちの興味・関心に応じた図書資料を多く収集・配架できたか。
□季節感あふれたリラックスできるような図書館内の環境整備ができたか。
□図書館内の掲示や展示を、適宜新しいものにすることができたか。

> 機能２．学校図書館は、図書館および資料・情報の利用法を指導し、主体的に学習する能力を育成する。

- □図書館やその他の書架に適切に本や資料を配架し、必要とする本や資料が見つけやすくなっていたか。
- □できるだけ多くの学年や子どもたちに利用指導やレファレンスができたか。

> 機能３．学校図書館は、読書教育を推進し、豊かな人間性を培う。

- □貸出状況などから子どもたちの読書傾向をとらえて、興味・関心を知り適切な選書をし、その要望に応えられたか。
- □おすすめの本などを紹介することができたか。
- □ブックトークや図書館のイベントなどで読書に興味・関心をもたせるようにできたか。
- □適者に適時に適書を紹介したり、進んで利用できるようにしたりしたか。

> 機能４．学校図書館は、適切な資料・情報を提供し、学習の充実を図る。

- □学校の年間指導計画をもとに、必要とされるであろう図書資料などを収集できたか。
- □授業展開の必要性に応じて、授業を支援したり、資料を準備・提供することができたか。
- □子どもたちが調べてまとめた学習成果を収集・保存し、次年度以降の活用を図ることができたか。

> 機能５．学校図書館は、教育に必要な資料・情報を提供し、教職員の教育活動を援助する。

- □多くの先生方に、図書館の利用法や蔵書内容について伝えることができたか。
- □多くの先生方に、授業展開に役立つ資料や情報を収集したり、存在を伝えることができたか。
- □先生方の蔵書希望にできるだけ応えることができたか。

3 学校図書館教育や活動の理念

「図書館学の五法則」も、「学校図書館憲章」も、その根底には民主主義社会の維持・発展という理念があります。つまり、学校図書館教育や活動を実践・推進していけば**「児童生徒自身が資料を検索し、分析し、それをまとめて自分のものにする自学能力」「思索力を育成し、**

内面から自己形成を促す読書の力」が育成され、ひいてはそれがよりよい民主主義社会の維持・発展のための大きな力になるということです。授業をするときに1時間ごとの授業目標は意識していても、その先の目標とすべき人間像や社会像まで意識するということは少ないでしょう。1時間1時間の授業がよりよき人間や社会をつくるということをできるだけ意識し、その中でも学校図書館教育や活動は、強力な手段となることにプライドをもって日々進んでいきしょう。

関連ページ

「§2　図書館学の五法則」　　　8ページ

参考文献

○『図書館の歩む道：ランガナタン博士の五法則に学ぶ』竹内悊解説　日本図書館協会　2010
○北克一「図書館学の五法則」『学校図書館』全国学校図書館協議会　No.780　2015.10　p.26
○「学校図書館憲章解説」全国学校図書館協議会 1991
○設楽敬一「学校図書館憲章」『学校図書館』全国学校図書館協議会　No.780　2015.10　p.27

学校図書館憲章について参考になるウェブサイト

○全国学校図書館協議会「図書館に役立つ資料」＝http://www.j-sla.or.jp/material/index.html〔確認 2016. 7〕

さくいん

【A〜Z】
NDC →日本十進分類法

【あ】
生きる力　　　　　　　10

【か】
学習指導要領　　　　　10
学習センター　　　　　10
貸出禁止　　　　　　　36
課題解決学習　　　　　68
学級活動　　　　　　　62
学校司書　　7、38、58、72、
　　78、91
学校司書の職務　　14、15
学校図書館活動　　　106
学校図書館教育　　16、20、
　　138
学校図書館教育全体計画
　　　　　　　　　　16
学校図書館教育年間指導計
　　画　　　　　　　　18
学校図書館憲章　　　137
学校図書館の利活用の意義
　　（イメージ図）　　11
学校図書館法　　　　　12
漢字辞典　　　　　　106
館内利用　　　　　　　37
教科書で紹介されている
　　本　　　　　　　　54
郷土資料　　　　　　122
クイズ　　　　　　　107
国語科　　59、72、78、112
国語教科書　54、108、124
国語教科書における学校図
　　書館教育　　　　　23
国語辞典　　　　　　106
これからの学校図書館担当
　　職員に求められる役割・
　　職務及び資質能力の向
　　上方策等について　11
コンピュータ・リテラ
　　シー　　　　　　　88

【さ】
サイン　　　　　　　　28
索引　　　　　　　　　74
司書教諭　　7、20、38、58、
　　62、72、78、91
司書教諭の職務　　14、15
社会科　　　　　　84、88
写真撮影　　　　　　　87
写真ファイル　　　　　84
情報・メディアを活用する
　　学び方の指導体系表
　　　　　　　　　　19
情報センター　　　10、84
調べ学習　　　7、10、20
調べ学習のプロセス　　71
新聞　　　78、79、80、81
製本の方法　　　　　　42
選書の重要性　　　　123
選定基準　　　　　　123
総合的な学習の時間　　98
蔵書の標準配分比率　121

【た】
探究的な学習　　10、108
団体貸出　　　　　　　90

【た】
著作権　　　87、125、126
読書　　　　　　　　　6
読書カード　　　　　　45
読書指導　　　6、20、47
読書センター　　　　　10
図書委員会　　　　　106
図書館学の五法則
　　　　　　26、37、136
図書館だより　　　　124
図書館の自由宣言　92、96

【な】
日本十進分類法　　27、30

【は】
パスファインダー　74、76
ビッグ6スキルズモデル
　　　　　　　　　　69
ブックリスト
　　　　　　47、116、122
分類記号→分類番号
分類ラベル　　27、28、46
分類番号　　　26、34、72
分類番号索引　　　　　28
別置　　　　　　　　　36
返却方法の工夫　　　　29
ポータルサイト　　　　89

【ま】
学び方の指導体系表→情
　　報・メディアを活用す
　　る学び方の指導体系表
ミニ文集　　　　　　　42
目次　　　　　　　　　74
問題解決学習　　　　　68

【や】
読み聞かせ　　　　112

【ら】
ランガナタン　　　　8
レファレンスサービス
　　　　　　　　　130
レファレンスブック　37

簡易インデックス

1　知ろう　学校図書館教育の効果……………6
2　知ろう　「図書館学の五法則」…………8
3　知ろう　望まれる学校図書館の役割……10
4　知ろう　司書教諭と学校司書の役割……12
5　全体計画をまず立てる……………………16
6　年間指導計画を立てる前に………………18
7　年間指導計画を立てる……………………20
8　検索手段の確立を…………………………26
9　教育活動に役立つように…………………36
10　指導の方法…………………………………38
11　活用の方法…………………………………42
12　読書案内……………………………………44
13　ブックトーク………………………………54
14　作家紹介……………………………………58
15　中だるみのときに…………………………62
16　調べ学習のプロセス………………………68
17　情報の探し方………………………………72
18　情報のまとめ方……………………………78
19　学習成果の収集……………………………82
20　郷土資料をつくろう～写真ファイル～………84
21　郷土資料をつくろう～コンピュータの利用～…88
22　現状とできること…………………………90
23　子どもへ教える……………………………98
24　学校がしなければいけないこと……………104
25　本や辞典を使って…………………………106
26　図書館検定…………………………………108
27　お話バザール………………………………112
28　選書の方法と重要性………………………120
29　広報の方法と内容…………………………124
30　研修こそ最大の広報………………………130
31　活動を振り返る……………………………136

おわりに

　本書を読まれ、学校図書館についてもっと詳しく深く知りたいと思われたなら本書は〝卒業〟です。次は、数多く発行されている専門的・先進的な図書を読まれたり、研究会に参加されたりするのはいかがでしょうか。都道府県や地方別の研究大会、全国学校図書館研究大会（全国大会）などへの参加です。全国大会は各都道府県や全国学校図書館協議会などが主催し隔年で行われています。全国学校図書館協議会では、誰でも参加できるセミナーも数多く開催しています。ウェブサイトの「セミナー・研究会」(http://www.j-sla.or.jp/seminar/index.html) では、これらの情報を常に発信しています。さらに、日本学校図書館学会 (http://jssls.info/) や日本図書館情報学会 (http://www.jslis.jp/index.html) などの学会の催しに参加してみたり、その記録を読んでみたりするという方法もあります。

　「進みつつある教師のみ人を教える権利あり」という言葉があります。
　Plan（計画をたて）→ Do（実行して）→ Check（評価し）→ Action（改善していく）
　子どもたちの実態をよく把握した上で、何を目標として授業や支援を行うかを決めてそれぞれを実践し、子どもたちの伸びや変容を見きわめ目標が達成できたかどうかを評価し、改善すべき点は改善して次の授業や支援に結びつけるようにする。このようなPDCAサイクルの繰り返しこそが「進みつつある教師」を育てます。学校図書館をステージとして、今よりも一歩前へ進むことを忘れない司書教諭や学校司書になられることに本書が少しでもお役に立てば、これに勝る喜びはありません。

　退職した今、改めて思います。未来ある子どもたちの成長を助け、その成長が日々間近に感じられる教育の仕事に携わることができて幸せだったということを。そんな子どもたちは、みんな一所懸命に学校図書館の授業を受けたり活動に参加してくれました。子どもたちに感謝です。
　筆者が在職中に多くの方々のご協力がありました。それなくして本書の執筆はありえませんでした。司書教諭として在職した小学校の先生方や、司書として在職した公共図書館の職員の方々にお礼申し上げます。

　本書を出版するにあたり、全国学校図書館協議会の森田盛行理事長、設楽敬一事務局長、編集部の岩﨑弥太郎さん、悠光堂の三坂輝さんにたいへんお世話になりました。また、イラストで本書をソフトで親しみやすいイメージにしてくれたイラストレーターの未希さん。みなさん、ありがとうございました。

著者紹介

熊谷一之
くまがい・かずゆき

1956年東京都生まれ。

玉川大学文学部卒業後、埼玉県内の公立小学校に勤務。司書教諭と図書館司書の資格を持ち、3年間学校現場を離れて公共図書館司書として勤務経験後、退職までの12年間は、学級担任兼務の司書教諭を務める。

第30回全国学校図書館研究大会浦和大会（1996年）のころから学校図書館に本格的に関わりはじめ、横浜大会（第33回、2002年）で「公共図書館との連携をどう図るか」を、静岡大会（第37回、2010年）で「学校図書館は学習指導をどのように支援するか」をそれぞれ主題として発表。日本図書館協会の第91回全国図書館大会茨城大会（2005年）では、「学校図書館と公共図書館の連携」を主題として発表している。

この間、図書館振興財団の「第3回図書館を使った調べる学習賞コンクール」（1999年）の公共図書館の部で、優秀賞を受賞。全国学校図書館協議会の機関誌編集委員（2010〜2013年度）なども務める。本書がはじめての著書となる。

一歩前へ！学校図書館―知ろう、つかもう、やってみよう　　　分類 017

2016 年 8 月 15 日　初版第一刷発行

著　者　熊谷一之
発行者　森田盛行
編集人　岩﨑弥太郎
発行所　公益社団法人 全国学校図書館協議会
　　　　〒 112-0003　東京都文京区春日 2-2-7
　　　　Tel 03-3814-4317 ㈹　　Fax 03-3814-1790
　　　　http://www.j-sla.or.jp/
制　作　株式会社 悠光堂
印　刷　三和印刷 株式会社

ISBN 978-4-7933-0094-3　C3000　　　　© Kazuyuki Kumagai　2016
Printed in Japan

定価は表紙に表示してあります。
乱丁本・落丁本は発行元にてお取替えいたします。